안데스의 땅 남극의 바람, 칠레

EBS 세계테마기행_칠레　책임프로듀서 김봉렬
　　　　　　　　　　　　프로듀서 이민수, 김형준
　　　　　　　　　　　　연출 김민정_ 미디어 길

안데스의 땅 남극의 바람, 칠레

초판발행일 2008년 12월 29일
글·사진 한동엽

EBS 한국교육방송공사
기획 **EBS** 출판기획팀
편집·본문디자인 AND
표지디자인 A&A

지식채널
발행인 전재국
본부장 이광자
임프린트 대표 김경섭
발행처 (주)시공사(지식채널)
출판등록 1989년 5월 10일(제3-248호)
주소 서울시 서초구 서초동 1628-1 (우편번호 137-879)
문의 전화 (02) 2046-2800　팩스 (02) 588-0835
ISBN 978-89-527-5430-1 14980

이 책은 한국교육방송공사(**EBS**)와 시공사 임프린트인 지식채널이 공동 기획하여 판매하는 도서입니다.
이 책의 내용을 무단 복제하는 것은 저작권법에 의해 금지되어 있습니다.
파본이나 잘못된 책은 구입하신 곳에서 교환해드립니다.
ⓒ 2008 한국교육방송공사·한동엽

안데스의 땅 남극의 바람, 칠레

CONTENTS

프롤로그   8

SANTIAGO_
가을을 떠나 봄의 산띠아고로   10

하늘에서 보낸 서른 시간
"헤이, 성게, 성게!"
가을에서 봄으로의 여행
"안아드려요, 공짜로"
도시의 작은 숲, 아르마스 광장
자유로운 인간의 사회를 위해
악마의 와인 창고
죽은 자의 날

ARICA_
영원한 봄의 도시 아리까   74

승리의 상징, 아리까 요새
바다표범과 함께 사는 사람들
아리까 해변의 시간

CALAMA_
체 게바라를 회상하다   100

험난한 깔라마 입성
체 게바라의 흔적을 찾아

ATACAMA_
죽음의 땅에서 찾은 생명   120

황토색 세상 사람들
땅 위에 내린 소금 눈
하늘을 닮은 호수
사막의 푸른 숲
달과 죽음의 계곡

CONTENTS

VALPARAISO_
詩 는 무 기 다   172

가난이 폭포수처럼 흐르던 곳
산동네 쎄바스띠아나
바쁜 여행길
네루다의 검은 섬

TEMUCO_
마 뿌 체 의   잃 어 버 린   영 혼   206

라틴의 전사, 마뿌체
멀고 먼 까녜떼
폐허가 된 승리
마지막 마뿌체 할머니

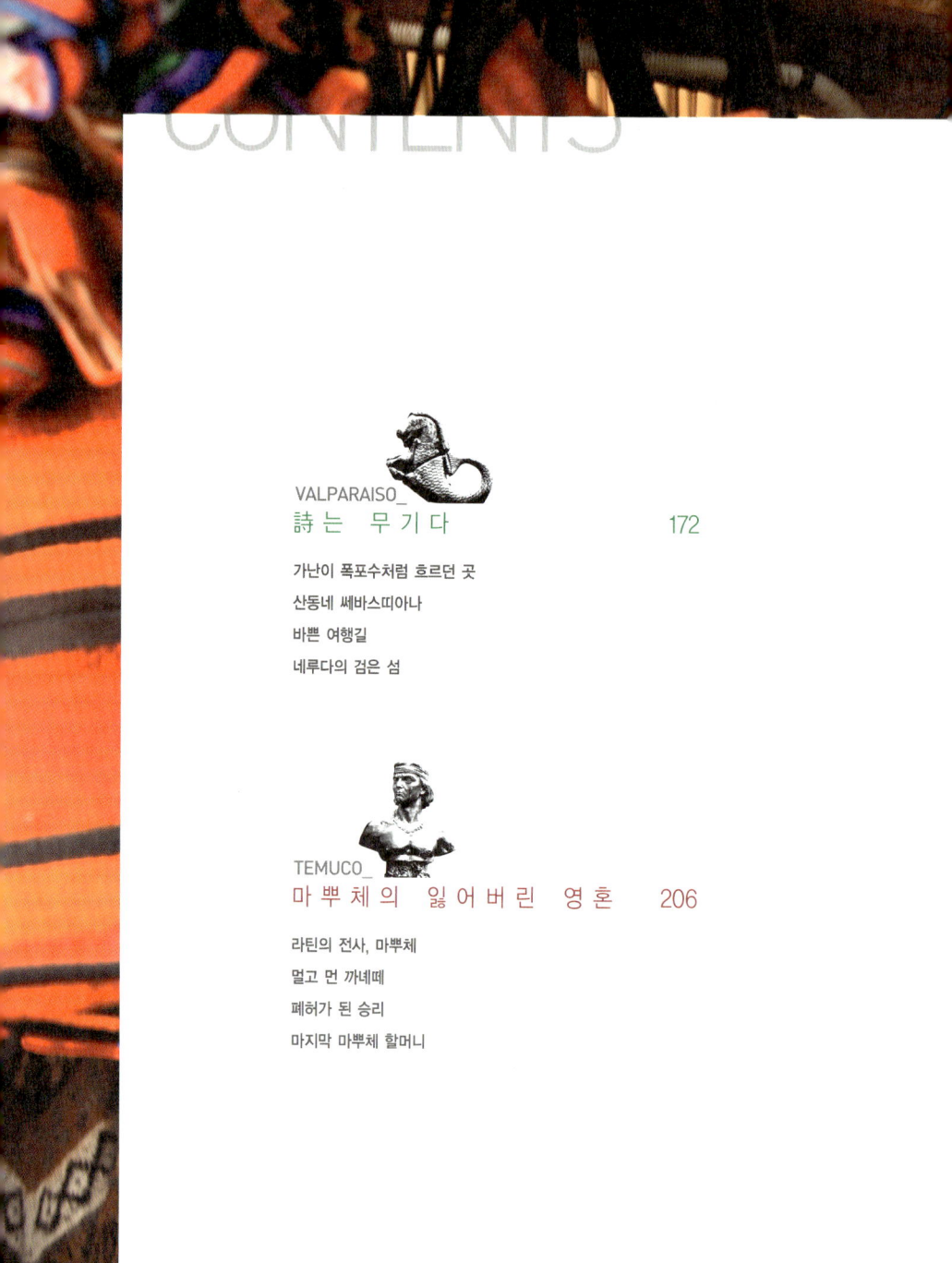

ISLA CHILOÉ_
칠레의 독일, 칠로에 섬　　242

나무 세상 까스뜨로
달까우에의 칠레인 부부

PUNTA ARENAS_
세상 끝에 서다　　264

산띠아고의 아부엘로스
옥빛 호수와 고통의 산
펭귄의 바다
세상 끝, 15,273킬로미터

칠 레 　여 행 　T i p 　　302

PROLOGUE

어린 시절 난생 처음 두발자전거를 갖게 된 나는 길을 따라 끝까지 달리면 무엇이 나올까 궁금했다. 그러던 어느 날, 기어이 치기어린 모험심이 발동했다. 횡단보도를 몇 차례나 지나고, 언덕길을 올랐다. 울고 싶을 만큼 힘들었지만 미지의 세계를 찾아 떠나는 여행에 가슴이 설렌다.

어느새 큰 길이 사라지고 작은 길이 낯선 아파트 단지 안으로 이어졌다. 길은 아파트 단지 안에서 끝났다. 벽이 길을 가로막고 있었고, 더 이상 나아갈 수 없었다. 더 가지 않아도 된다는 잠깐의 안도감 뒤에 길을 막고 선 벽이 주는 막막함이 엄습했다. 나를 삼킬 것처럼 서 있는 절벽은 너무 높아 보였다. 낯선 동네 한가운데 버려진 것 같은 무서움에 집을 향해 도망쳤다.

내 생애 첫 번째 모험은 그렇게 끝났고, 미지의 세계에 대한 흥분과 낯선 곳에 대한 두려움은 어린 시절의 소중한 기억으로 남았다.

열세 살 어린아이는 어느덧 마흔을 한해 앞둔 나이가 되었다. 4년간의 멕시코 생활을 정리하고 한국에 돌아와 힘겹게 자리 잡은 이곳에서, 또다시 일탈을 꿈꾸기에는 두려움이 앞섰다. 낯선 세계를 향한 동경은 언제나 책과 TV로 대신했다.

그러다 일상의 쳇바퀴 속에서 우연히 보게 된 EBS의 세계테마기행–칠레, 그리고 페루. 몇 년 만에 들어보는 스페인어와 라틴의 구릿빛 얼굴에 가슴이 뛰었다. 한국에 돌아온 지 3년이 지났지만, 여전히 그들의 언어를 알아들을 수 있었고 멕시코 대륙을 횡단하던 그 시절의 모험심이 꿈틀댔다.

TV 브라운관 안에서는 남극의 바람이 첩첩한 안데스 산맥을 향해 몰아쳤고, 빛바랜 책 속에서 만났던 아옌데와 네루다가 손짓했다. 무엇보다 세계테마기행이 보여준 '세상 끝'의 영상은 뿌리칠 수 없는 강렬한 유혹이었다.

나보다 더 라틴을 사랑하는 아내의 허락을 얻는데 성공하고, 평범한 직장인에게 부여된 제한적 자유에 항명하며 일 년 동안 받을 수 있는 휴가를 모아 15일을 만들었다. 거기에 '무급'이라는 단서를 붙여 15일을 더해 칠레와 페루로 나누었다.

조급한 마음에 여행계획을 세울 겨를도 없이, 무작정 세계테마기행–칠레편의 여정을 따라 나섰다. 세계테마기행이 걸었던 4,300킬로미터의 긴 여정동안 칠레의 원초적인 자연, 그 자연과 어우러져 살아가는 사람들, 그 사람들이 지켜온 자유의 시간과 조우했다.

세상 끝을 향해 한발 한발 내딛으며 가슴에 담아온 세계테마기행의 선물을 함께 즐기길 바란다.

가을을 떠나 봄의 산띠아고로

ARICA★

CALAMA★
SAN PEDRO DE ATACAMA★

우리와 시간도 계절도 반대인 땅,
가을을 떠나 봄으로 간다

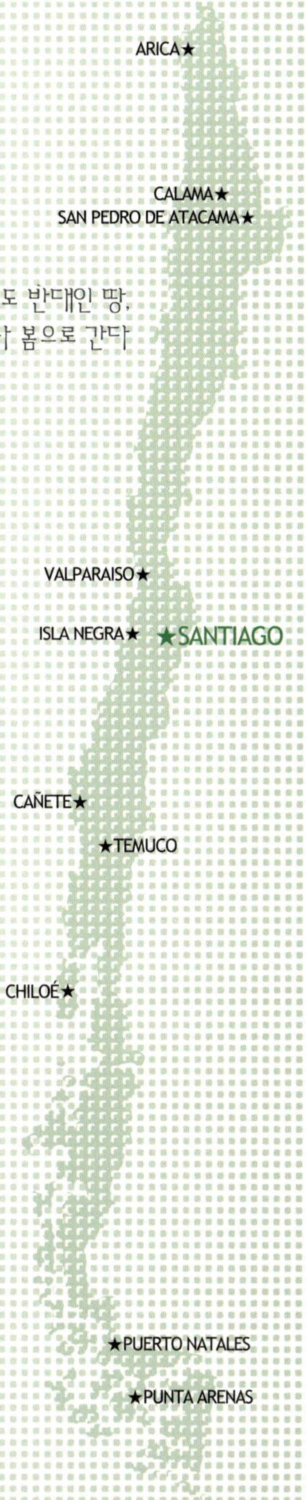

VALPARAISO★
ISLA NEGRA★ ★SANTIAGO

CAÑETE★
★TEMUCO

CHILOÉ★

★PUERTO NATALES

★PUNTA ARENAS

하늘에서 보낸 서른 시간

말이 통하지 않는 낯선 세상으로 첫 여행을 떠난 것은 내 나이 서른이 넘어서였다. 처음 선택한 이국은 네팔, 그 당시엔 산악인이 아니라면 좀처럼 가지 않는 나라였다.

콘크리트 도시와 이따금씩 오르던 산들이 전부였던 나의 세계에 네팔은 충격으로 다가왔다. 미지의 힌두 문명과 만년설이 덮인 안나푸르나는 나를 압도했고, 내가 모르던 다른 세상의 존재는 내 안에 도사리던 막연한 두려움을 흥분으로 바꾸어놓았다.

첫 걸음을 떼고 나니 다음 걸음이 쉬워졌다. 같은 해 5월 네팔에 다녀왔고, 8월에는 잘 다니던 광고회사마저 때려치우고 멕시코로 떠났다. 돌아올 날을 정하지 않은 멕시코행은 4년이 다 되어서야 마침표를 찍었다. 한국에서의 모든 것을 포기하고 떠났던 여행이었기에, 돌아온 뒤의 시간은 힘에 겨웠다. 라틴의 땅에서 누리던 삶의 여유와 모험심은 오간데 없이 사라지고 목을 죄는 경쟁과 숨가쁜 시간은 영혼을 피폐하게 만드는 듯했다.

그 힘겨움만큼이나 라틴에 대한 열망은 영혼 깊은 곳에서 몸부림치고 있었는지도 모른다. 그러다 세계테마기행을 보는 순간, 일시에 터져버렸을 것이다. 세계테마기행에 비춰진 영상은 다시 라틴으로의 긴 비행을 해야

만 하는 절박함을 깨우쳐주었다. 칠레의 자연은 잊은 줄 알았던 라틴의 기억을 깨웠고, 그들의 웃음은 그리움과 갈증을 불러왔다.

그리고 다시 지구 반대편 칠레로 향하는 비행기 안에 있다. 동쪽에는 안데스 산맥이, 서쪽으로는 태평양과 나란히 있는, 세상에서 가장 길쭉한 나라. 한국보다 서너 배쯤 크지만 인구는 1,700만 명 정도다.

책속의 숫자와 지도만으로 이 버뮤다 삼각지대 같은 신비한 나라를 상상하기는 어렵다. 칠레라는 낯선 나라에서 무엇을 보게 될까? 마음이 동하여 무작정 세계테마기행의 여정을 따라 나선 여행이다.

화면에서 보았던 영상이 스치고 몇몇 단어들만이 귓가에 맴돈다. 두려움의 크기만큼 낯선 세계에 대한 기대로 좀처럼 흥분이 가라앉지 않는다. 아무래도 그 땅을 밟고 칠레의 체취를 느끼고 나서야 떨리는 가슴이 진정될 것 같다.

홍콩과 요하네스버그를 거쳐 상파울로에서 칠레 산띠아고Santiago로 가는 마지막 비행기를 탄다. 세계테마기행에서는 미국이나 캐나다를 경유했겠지만, 티켓을 구하지 못한 나는 가장 먼 길을 돌아서야 안데스 산맥을 넘는다. 작은 창 너머로 흰 눈이 덮인 산과 구름이 끝없이 이어진다. 남미의 7개 나라에 걸쳐 뻗어있는, 지구상에서 가장 장엄한 안데스 산맥이다. 수평선, 지평선마냥 '산평선'이라 이름 붙이면 좋겠다. 안데스 산맥은 남북의 길이뿐 아니라 동서의 폭도 상당한 모양이다. 비행기는 30분 가까이 안데스 위를 지난다.

산맥을 넘어서자 안전벨트를 매라는 안내방송이 나온다. 드디어 다 온 모양이다. 인천공항을 떠난 지 3일 만이다. 가슴이 설렌다. 마침내 세계테마기행의 궤적을 따라온 첫 번째 도시, 칠레의 수도 산띠아고에 도착한다.
비행기 문이 열리자 도망치듯 공항을 뛰쳐나온다. 내 몸을 감싸는 산띠아고의 밤공기. 진공의 방에서 벗어난 느낌이다. 소금에 절인 배추 같던 몸도 살아난다. 얼마 만에 느껴보는 신선한 공기인지. 한껏 숨을 들이킨다. 비릿함. 라틴의 땅에서만 느낄 수 있는 냄새, 칠레의 땅내음이 전해온다.

"헤이, 성게, 성게!"

으슬으슬한 기운에 눈을 뜬다. 차가운 아침 공기. 그제야 커튼 뒤쪽 창문이 밤새 열려 있었다는 사실을 발견했다. 지난밤 샤워를 끝내기가 무섭게 침대에 쓰러진 터라 방을 둘러볼 겨를도 없었다. 일어나기 싫어 눈 밑까지 이불을 끌어올리며 한껏 게으름을 피운다.
귓속에서 '윙' 하는 소리가 들리고 아직도 비행기에 앉아있는 듯, 몸이 허공에 떠있는 기분이다. 까마득하게 느껴지는 높은 천장에 칠레의 기다란 지도를 그려본다. 남북으로 4,300킬로미터, 다시 산띠아고로 돌아와야 하니 8,600킬로미터의 긴 여정이다. 비행시간을 빼고 나니 12일 정도 남는다. 하루하루 바쁜 일정이 될 것이다.

서둘러 옷을 챙겨 입고 거리로 나선다. 간만에 제대로 된 밥을 먹어보자는 생각에 수산시장^Mercado Pesquero 으로 방향을 잡는다. 온갖 해물요리를 값싸게 먹을 수 있는 곳이라 벌써부터 군침이 돈다.

시장 앞에 도착하자 노랫소리가 요란하다. 사람들은 둥그렇게 모여 거리공연을 구경하고 있다. 역시 라틴이다. 화려한 형광색 옷을 입은 가수들의 춤사위가 보통이 아니다. 짜여진 안무가 아니라 리듬에 몸을 맡기는 자유로운 춤이 눈길을 끈다. 자신들의 공연을 즐기고 있는 것이 느껴진다. 어린 키보드 연주자와 나이든 드러머까지 모두의 얼굴에는 웃음이 가득하다.

현란한 춤과 노래로 관객의 시선을 끄는 사이, 한쪽에서는 자신들의 노래가 담긴 CD를 판다. 썩 잘 팔리지는 않는 것 같지만 연주자들과 가수들은 개의치 않는 분위기다. 그저 신나게 연주하고 노래한다.

산띠아고가 주는 보너스 같은 공연을 뒤로 하고 시장에 들어서니 비릿한 냄새가 코를 찌른다. 고래고래 소리를 지르며 손님을 부르는 상인들, 가격을 흥정하는 사람들과 관광객으로 좁은 시장통이 빼곡하다. '생생함'이란 말이 이보다 더 잘 어울리는 곳이 있을까. 이곳에는 살아있는 삶이 있다.

좌판에는 이름 모를 생선과 조개 등 온갖 해산물이 가득하다. 생긴 건 생태랑 비슷한데 크기는 두세 배다. 한 마리만 사도 몇 끼는 거뜬하겠다. 홍합도 한국에서 보던 것에 비해 두 배는 커 보인다. 사람 몸통만한 생선은 일년내내 먹을 듯하다.

아르마스 광장의 미술품 거리

사진을 찍자니 '차렷'이 되는 마뿌체 아저씨

이리 치이고, 저리 부딪히며 시장 중앙에 들어서자 넓은 식당가가 나온다. 식당가를 둘러싸고 시장이 형성되어 있는 셈이다. 시장을 마저 둘러볼 생각에 시장통으로 향하는데 누군가 "헤이, 성게, 성게!"하며 부른다. 돌아보니 후덕한 인상의 식당 종업원이 손짓한다. 하얀 가운을 입고 있는 모습이 동네 이발사 같다. 성게를 알다니, 한국 사람들이 제법 찾아오는 모양이다. 장삿속이지만 한국어를 알고, 나를 한국인으로 알아보는 것이 고마워 식당 안으로 들어간다. 시장이 내려다보이는 이층에 자리를 잡고 메뉴판을 훑어보지만 뭐가 뭔지, 메뉴판만 보고 요리의 모양을 상상하는 게 쉽지 않다.

내 식탁을 담당하는 종업원이 자신을 마뿌체^{Mapuche}족이라고 소개하며 다가온다. 세계테마기행에 나왔던 마뿌체족을 찾아 까녜떼^{Cañete} 여행을 계획하고 있었는데 이곳에서 만나다니, 운이 좋다. 기념으로 사진 한 장 찍자고 하니, 바로 '차렷' 자세를 취한다. 모델 같은 포즈를 기대한 것은 아니었지만 이 정도로 뻣뻣해질 줄이야. 마뿌체족은 사진을 찍으면 영혼이 빠져나간다고 믿기 때문에 사진을 안 찍는다고 하더니만, 이 아저씨도 모델이 되어본 경험은 별로 없는 모양이다.

그가 추천해주는 '해물탕$^{Caldillo\ de\ Marisco}$'을 시키고 창 너머로 시장을 구경한다. 백열등 조명을 받은 창밖의 시장이 노랗게 보인다. 조명 아래서 생선을 다시 진열하고, 얼음을 채우는 손길이 분주하다.

잠시 후 나온 해물탕. 언뜻 보기에는 걸쭉한 조개탕이나 찌개 같은데 한 숟가락 뜨니 입안 가득 바다내음이 퍼진다. 뜨거운 국물이 목을 타고 넘어가면서 속을 데워주는 게 해장이라도 하는 기분이다. 갖가지 조개에 맛이 풍부해지고, 잘 익은 감자에 포만감이 인다. 천연 향신료인 씰란트로Cilantro가 뿌려져 있지만 조개냄새에 묻혀 거의 느껴지지 않는다. 여기에 밥 말아서 김치 얹어먹으면 더할 나위 없겠다. 나도 어쩔 수 없는 한국 사람인가보다.

언제 들어왔는지 거리의 악사가 식당 한쪽에서 구성지게 노래한다. 일류 레스토랑 안 부럽다.

가을에서 봄으로의 여행

여행자들은 저마다 여행 습관을 갖고 있다. 엽서나 배지, 인형, 책을 사 모으는 사람, 아니면 현지인과 기념사진을 남기는 사람 등등. 내 습관은 가능한 한 높은 곳을 찾아 전경을 내려다보는 것이다. 높은 곳에서 도시의 풍경을 봐야 직성이 풀린다. 남들도 그런지 곳곳에 전망대El mirador라는 이름을 가진 곳도 많다. 든든해진 배를 밑천 삼아 산띠아고에서 가장 높은 곳, 산끄리스또발 언덕Cerro San Cristobal을 찾아간다.

세계테마기행에서 성석제 작가가 탔던 케이블카를 타고 싶었는데, 무슨 일인지 오늘은 케이블카가 운행을 하지 않는단다. 결국 700페소를 내고

자전거로 전망대에 오르는 사람들

합승 택시인 꼴렉띠보^{Colectivo}에 오른다. 꼴렉띠보는 일정한 구간을 운행하는 택시로 정해진 요금을 받고 승객이 채워지면 출발한다. 운이 나쁘면 10분 이상 기다려야 하지만, 보통은 금방 승객이 채워진다. 방송팀과 함께 다닌 성석제 작가는 꼴렉띠보를 타보지 못했을 것이다. 나 역시 케이블카는 못 탔지만.

승객을 모두 태운 택시가 산끄리스또발 언덕을 향해 출발한다. 차창으로는 자전거를 타고 언덕을 오르내리는 사람들이 제법 보인다. 정상까지는 만만치 않은 높이에다 길도 구불구불한데, 참 용감한 다리를 가졌다.

전망대 주차장에 이르자 언덕 꼭대기에 성모마리아^{Virgen}상이 보인다. 성모마리아는 부드러운 얼굴로 산띠아고를 내려다보고 있다. 종교가 없지만 성모마리아상 앞에만 서면 마음이 차분해진다. '어머니' 라는 단어가 떠오르는 탓일까, 아니면 인자한 미소 때문일까.

성석제 작가는 기도를 잘 들어주는 여성이라고 했던가. 많은 사람들이 가져다놓은 양초가 그 기도의 의미인 모양이다. 제 몸을 다 태워 흔적만 남아있는 양초부터 딸의 손을 잡고 온 아버지가 이제 막 불을 붙여놓은 것까지 저마다 간절한 기도가 담겨있으리라.

성모마리아가 바라보는 산띠아고는 얇은 구름이 낮게 깔린 것처럼 뿌옇다. 산띠아고를 가로지르는 마뽀초 강$^{Rio\ Mapocho}$조차 선명하게 보이지 않는다. 산으로 둘러싸여 있는 지형 탓에 도시가 내뿜는 매연이 하늘에 고이기 때문이다.

산띠아고 사람들은 이 스모그를 '민주적인 스모그' 라고 부른다. 스모그가

아침에는 도시 중심가에 낮게 깔리다가도 저녁이 되면 부자들이 사는 산기슭으로 올라가기 때문이다. 비가 오기 전까지 이 공해덩어리는 서민들의 공간과 부유층의 공간을 매일 오르락내리락한다, 아주 공평하게.

어느덧 회색 도시 산띠아고를 장벽처럼 둘러싼 아꽁까구아(Monte Aconcagua)에 해가 걸리고, 도시에는 하나 둘 불이 켜진다. 어둠은 빠른 속도로 번지며 온갖 더러운 것을 덮어버린다. 검은 천에 보석을 쏟아놓은 듯 빛과 어둠만이 남은 산띠아고의 밤이 빛난다.

야경에 취해있는 사이 제법 밤이 깊어간다. 승객을 태우고 올라오는 꼴렉띠보도 더 이상 보이지 않는다. 꼼짝없이 걸어 내려가게 생겼다. 어두운 길을 따라 걸음을 재촉한다. 낮에는 가족 나들이 장소이자 연인들의 데이트 코스지만 인적 없는 밤까지 마음을 놓을 순 없다.

가로등 하나가 아쉬운 밤길에, 이따금씩 핀 노란 꽃들이 거리를 환하게 비춘다. 검은 무채색으로 묻혀버린 숲길에 화사한 그네들이 반갑다.

그렇구나, 봄이구나. 하루를 다 보내고 나서야 이곳의 계절이 봄임을 깨닫는다. 우리나라와 시간도 계절도 반대인 칠레. 낙엽 지는 한국의 가을을 떠나 봄이 한창인 칠레에 와있다니 실감이 안난다. 인간의 힘, 문명의 힘은 참으로 대단하다. 3일 만에 두 계절을 건너올 수 있다니.

아르마스 거리의 서점

포옹을 선물하는 칠레 젊은이들

"안아드려요, 공짜로"

칠레 대부분의 도시에서 아르마스 광장^{Plaza de Armas}이라는 똑같은 이름의 장소를 만날 수 있다. 여행객들에게는 시내 투어의 기준이 되고 이곳 사람들에게는 만남과 사랑의 장소가 되는 공원, 도시의 배꼽이다. 넓은 거리는 깨끗하게 정돈되어 있고, 북적거리는 사람들로 활기가 넘친다. 세계테마기행에서 산띠아고 거리의 모습을 볼 수 없어 아쉬웠는데, 이제야 그 빈자리가 채워진다.

아르마스 광장으로 향하는 아우마다 대로^{Paseo Ahumada}에는 거리의 공연장들이 모여 있다. 웅성웅성 사람들이 모인 곳을 기웃거리면 어김없이 이벤트가 벌어지고 있다. 길거리 노래자랑, 삐에로의 팬터마임, 작은 연주회도 열린다.

처음 만난 공연은 '길거리 개그콘서트'. 콧수염에 배가 볼록 나온 아저씨는 몸 개그를 하는 것도 아니고, 조금은 우락부락한 생김새나 평범한 옷차림으로 봐서는 절대 웃기지 않을 것 같다. 한손에 자신의 우스갯소리가 담긴 CD를 들고 있는 모습이 그저 그런 장사꾼 같다. 그런데 알고 보니 욕쟁이 아저씨다. 진짜로 욕을 하는 건 아니지만 사람을 굉장히 민망하게 만든다. 몇몇 사람이 한두 마디 했다가 보기 좋게 당한다. 물론 그 광경을 지켜보는 사람들이야 즐겁다. 마치 욕먹을 각오를 하고 기다리는 사람들처럼 보인다. 저 아저씨한테 걸리면 고생 좀 하겠다 싶어 슬그머니 뒷걸음질 친다.

멀지 않은 곳에 '포옹을 선물합니다Regalo Abrazos', '포옹 공짜예요Abrazos Gratis' 라는 팻말을 든 십여 명의 산띠아고 젊은이들이 보인다. 인사로 뺨을 맞대며 볼 키스를 나누고, 일상적인 스킨십이 많은 칠레에서 프리허그라니, 뜻밖이다. 프리허그라는 영어식 표현보다는 공짜 포옹, 포옹 선물이라는 스페인식 어감은 그럴 듯하다. 근데 어째 줄 선 이가 그닥 많지 않다. 특히 까칠한 수염이 얼굴 절반을 덮고, 배까지 불룩한 남자는 개점휴업 상태다. 내가 여자라도 산적처럼 생긴 저 총각한테는 안 갈 것 같다.

두세 명의 젊은이들이 공짜 포옹을 선물하는 사이 나머지 사람들은 재밌는 놀이를 벌이고 있다. 프리허그 팻말을 갖고는 있지만 뒷전이다. 그들만의 놀이는 프리허그보다 더 인기가 좋다. 구경꾼이 몰려들어 젊은이들의 놀이를 눈요기 한다.

구경꾼들 틈에 끼어 저게 무슨 놀인가 하고 지켜보지만 이해하기가 어렵다. 서로에게 손가락 총을 겨눈 뒤 '빵' 하더니 일제히 바닥에 눕는다. 나름대로 어떤 모양을 만드는 것 같긴 한데, 무슨 모양인지. 하지만 어린 아이처럼 길바닥에서 뒹굴뒹굴 노는 모습이 재밌다. 역시 젊음은 좋다. 거리낌도 없다.

대학시절 지하철 맨바닥에 앉아 친구들과 '007빵'을 하며 놀던 때가 생각난다. 얼굴이 벌게질 때까지 웃음을 참으며 머릿속으로만 '0, 0, 7, 빵,

으악' 을 하고, 누군가의 웃음소리라도 들릴라치면 열심히 '인디언 밥'을 하며 친구의 등짝을 두드리던 시절. 거리낄 것 없던 때, 젊다는 것만으로 모든 것을 이해받을 수 있으리라고 믿었던 시절이었다.

조금 더 가니 방송국에서 나온 모양인지, 사람들은 TV처럼 생긴 패널에 얼굴을 들이대고는 뭐라뭐라 메시지를 전한다. 다른 곳에서는 길거리 노래자랑이 펼쳐진다. 이곳저곳 기웃거리다보니 코앞에 있는 아르마스 광장까지 하 세월이 걸린다.

도시의 작은 숲, 아르마스 광장

녹음이 우거진 아르마스 광장은 도심의 오아시스다. 나무도 많고, 사람도 많고, 사랑도 웃음도 많아 칠레인들의 분위기가 느껴진다.

한쪽에서 그림을 그려 파는 사람, 아이와 함께 산책 나온 가족, 비둘기에게 모이를 주는 모녀, 두 손을 꼭 잡고 가는 연인들, 분수대에서 물놀이에 빠진 아이들.

체스가 한창인 정자도 기웃거려본다. 약수터 정자에서 장기를 두는 우리네 할아버지들 같다. 성경책을 들고 열심히 설교를 하는 사람, 아이들을 위한 장난감 말 몇 개를 두고 손님을 기다리는 사진사도 있다. 커다란 나무가 선사한 그늘 아래서 여유를 만끽하는 사람은 바쁠 것 없다는 표정이다. 모든 것이 슬로우 비디오처럼 느리게 움직인다. 느림의 평화. 발랄한 웃음의 산띠아고 사람들이다.

광장 한 편의 대성당Catedral de Santiago은 다른 얼굴로 서있다. 1558년 완성된 이 성당은 스페인 정복자 발디비아 군대가 산띠아고를 점령한 1541년부터 짓기 시작한 것이다. 종교가 침략과 학살을 정당화시키는 역할을 한 만큼 성당은 점령지에 가장 먼저 세워졌다. 원주민의 피와 땀으로.

대성당은 짙은 회색빛 화강암마다 새겨진 섬세한 조각들로 중후한 분위기를 풍긴다. 중남미 다른 나라의 성당에 비해 화려하지는 않지만 감히 범접하기 어려운 느낌은 여전하다. 원주민들이 가졌을 경외감이 짐작된다.

군사독재시절에는 이곳이 민주인사들의 근거지가 되었다. 독재자 피노체트에 저항하던 시민들은 성당 앞에서 집회를 열곤 했다. 민주화의 성지인 셈이다. 원주민의 자유를 짓밟은 정복의 이데올로기가 태어난 곳에서 자유와 민주주의를 외치다니 역사의 아이러니다.

대성당 앞 분주한 사람들 사이를 뚫고 짧은 행렬이 요란하게 지나간다. 아르마스 광장의 적막을 깨는 노랫소리는 무슨 주문 외우는 소리처럼 들린다. 불상을 가마에 태운 사람들은 뭐가 저리 바쁜지 정신없이 뛰어간다. 옷을 보니 티벳이나 인도풍이다. 남자들은 머리를 빡빡 깎았거나 일부만 동그랗게 남겨뒀다. 왠지 이들의 얼굴과는 잘 어울리지 않는 헤어스타일이다. 여자들은 춤추며 달린다. 아무리 춤과 음악에 익숙한 라틴의 여자이기로서니 어찌 저렇게 춤을 추며 빨리 달릴 수 있는지 신기하다. 불상행렬

지하철 입구에서 톱 연주중인 피에로

은 눈 깜짝할 사이에 사라진다. 가톨릭 국가에서 보는 불상의 행렬은 아무래도 어색하다. 청바지에 버선을 신고 있는 사람을 본 기분이랄까.

불상행렬이 지나간 아르마스 광장 주변에는 중앙우체국$^{Correo\ Central}$, 국립역사박물관$^{Museo\ Histórico\ Nacional}$, 산띠아고 박물관$^{Museo\ de\ Santiago}$ 등 16세기부터 19세기까지 세워진 건물들이 즐비하다. 다 둘러보자면 하루 이틀로도 부족할 것 같다. 영화에서나 보던 중세 식민지풍 건축양식의 매력에 푹 빠져 헤어나지 못할 테니. 아마 세계테마기행이 아르마스 광장을 다루었다면, 다른 곳엔 가지도 못했을지 모르겠다.

나무 그늘 아래로 돌아와 오가는 사람들을 구경한다. 한국을 찾은 관광객이 한국 사람들은 모두 무표정하게 다녀서 화난 사람 같아 보인다고 했다던가. 하지만 이곳 사람들은 모두 즐거운 일만 있는 사람들 같다. 파티를 즐기듯 모두 다채로운 표정들이다. 즐거운 사람들 가운데 있으니 나도 즐겁다.

나를 빤히 쳐다보는 아저씨에게 '올라^{Hola}' 하며 인사한다. 아저씨도 한 손을 들어 보이며 '올라' 하고 친절하게 답한다. '올라' 한 마디에 동양의 이방인도 산띠아고의 친구가 된다.

아르마스 광장에서 손님을 기다리는 사진사

모네다궁 박물관에 전시된 작품

칠레민중의
묽은피가있었기에
칠레의자유가존재한다

자유로운 인간의 사회를 위해

세계테마기행에서 칠레의 정치사를 다뤘던 것은 아주 놀랄만한 일이었다. 복잡한 칠레 근현대사에 비해 번역서든 연구서든 관련 책이나 영상이 많지 않았으므로 이 프로그램은 내가 칠레를 이해하는데 적잖게 도움이 됐다.

방송에서 말했던 것처럼, 칠레의 정치사는 많은 이들의 피로 이어져왔다. 정권을 장악하기 위한 쿠데타는 내전 수준이었고, 정치적 분열은 악화일로로 치달았다. 선거를 치러도 권력은 총칼로 유지되고 전복되곤 했다. 그리고 그 혼란은 세계적으로 유명한 두 명의 정치인을 낳았다. 독재자의 대명사인 삐노체트$^{\text{Augusto Pinochet Ugarte}}$와 민주주의의 상징인 아옌데$^{\text{Salvador Allende Gossens}}$ 대통령이다. 각각 칠레인들이 가장 저주하는 사람과 진심으로 존경하는 지도자다. 삐노체트는 '악마 삐노체트$^{\text{Diablo Pinochet}}$'지만, 아옌데는 언제나 '아옌데 대통령$^{\text{Presidente Allende}}$'이다.

아옌데가 대통령으로 당선된 1970년 이전까지 칠레는 미국과 열강의 경제적 식민지였다. 오늘날 칠레 경제의 근간이 되는 추끼까마타$^{\text{Mina Chuquicamata}}$ 구리광산을 비롯해 은행을 제외한 대부분의 기업이 미국의 자회사였다. 국부는 미국 자본가들의 주머니만 채웠고, 칠레인들은 미국회사의 노동자일 뿐이었다. 그에 따른 정치 경제 사회적 혼란도 끊이지 않았다.

조폐창을 개조해 만든 대통령궁

사회주의 개혁을 꿈꾸며 대통령에 오른 아옌데는 혁명적인 정책을 펼친다. 다국적기업이 소유한 구리광산을 국유화하는 것을 비롯해 칠레의 것을 칠레인에게 돌려준다.

대부분의 국민이 아옌데를 지지한 반면 소수의 가진 자들은 불안했다. 자기 것인 줄만 알았던 것을 빼앗긴 미국은 칠레에 대한 대외 차관을 봉쇄하고, 모든 수출을 중지시키며 아옌데를 압박했다.

결국 1973년 대통령궁 상공에 전투기가 뜨고 폭탄과 총알이 쏟아졌다. CIA를 등에 업은 삐노체트 군부가 쿠데타를 일으킨 것이다.

쿠데타가 터진 9월 11일 아침, 아옌데는 삐노체트 군대가 산띠아고에서 120킬로미터 떨어진 발빠라이소Valparaiso까지 진입했다는 소식을 보고받았다. 해외로 망명할 수도 있었지만 그는 죽음만이 자신을 끌어낼 수 있다며 모네다 궁으로 들어갔다. 민중과의 약속을 지키기 위해 민주주의의 제단에 섰다. 그리고 국민을 향한 마지막 연설을 했다.

> "지금은 저들이 우리를 짓밟을 수 있겠지만 미래는 민중의 것, 노동자들의 것이 될 것입니다. 역사는 우리 편이며 그것은 민중이 만드는 것입니다. …… 수천 그리고 또 수천 칠레인의 고매한 의식에 뿌린 씨앗은 결코 헛되지는 않으리라 저는 확신합니다. 무력을 소유한 저들이 우리를 굴복시킬 수도 있겠지만 범죄 행위로도 무력으로도 사회적 진보만은 멈출 수 없을 것입니다. 역사는 우리의 것, 민중이 만들어 가는 것입니다.……칠레 만

대통령궁 정원에 전시된 조형물

세! 민중 만세! 노동자 만세!"

연설을 마친 아옌데는 총을 들고 삐노체트 군부와 맞섰다. 그리고 그의 마지막 연설은 유언이 되었다. 아옌데와 함께 칠레의 민주주의도 죽었다. 칠레의 눈은 독재의 어둠에 가려졌고 민중의 입은 끔찍한 고문에 시달려야 했다. 그리고 칠레의 육체는 총칼이 지켜선 차가운 감옥에 갇혔다.
하지만 민중의 가슴 깊은 곳에 새겨진 아옌데의 마지막 연설은 칠레의 용기가 되었다. 칠레의 정신으로 남아서 수많은 민주투사들의 힘이 되었다. 결국 1998년 삐노체트의 재임을 반대하는 'NO 운동'이 들불처럼 번졌고 마침내 독재자를 권좌에서 끌어내렸다.
10년이 지난 지금 아옌데에 대한 엇갈린 평가에도 불구하고 그는 여전히 칠레의 대통령이다. 거리에서는 아옌데의 초상화가 팔리고, 오가는 이들은 애틋한 눈으로 그의 사진을 바라본다.
대통령궁 왼편에 있는 아옌데의 동상 앞에 선다. 지금껏 이보다 당당한 동상을 본 적이 없다. 법무부 건물을 등지고 있는 그는 대통령궁을 향해 걸어 들어갈 듯 하다. 민중을 보호하지 않는 대통령이 있다면, 당장에 뛰어가 "칠레는 민중의 것이야!"라고 호통을 칠 것만 같다.
한국의 역사를 돌아보니 국민을 진정으로 사랑한 지도자를 가졌던 칠레인들이 부럽다. 과연 우리 역사 속에 국민을 먼저 생각했던 통치자가 있던가. 민주주의를 위해 자신의 목숨까지 내놓을만한 그런 사람이 있는가. 진심을 가진 대통령이 있었던가. 안타깝고 부끄럽다.

머지않아

위대한 거리가 다시 열리고

그 길로 자유로운 사람들이

더 나은 사회를 건설하기 위해 지날 것이다

MUCHO MAS TEMPRANO QUE TARDE,

DE NUEVO SE ABRIRAN LAS GRANDES ALAMEDAS

POR DONDE PASE EL HOMBRE LIBRE

PARA CONSTRUIR UNA SOCIEDAD MEJOR

자유와 진보를 기억하라던 아옌데의 마지막 연설을 되새겨보며 대통령궁인 빨라시오데라모네다Palacio de la Moneda에 들어선다. 빨라시오데라모네다는 '돈의 궁전'이란 뜻으로 옛날 조폐창의 이름이다. 조폐창을 개조해 만든 대통령궁은 크지도 화려하지도 않다.

이곳은 전시용이 아닌, 실제로 대통령과 장관들이 집무를 보는 곳이다. 근위병이 지키고 있는 저 너머 어딘가에 대통령이 일하는 방이 있을 것이다. 참 검소하다. 권위주의 같은 것은 느껴지지 않는다. 칠레의 대통령은 일하다가도 시민들을 만나고 싶으면 문만 열고 나오면 된다. 진짜 그런 식으로 시민들을 만나는지는 모르겠지만, 우리에게 청와대 하면 떠오르는 거리감, 철옹성 같은 이미지와는 완연히 다른 느낌이긴 하다.

시민들에게 개방된 궁전 마당에는 작은 전시회가 열리고 있다. 대통령궁 앞뒤로 있는 커다란 광장은 시민들의 자유로운 휴식처다. 칠레인에게 대통령궁은 정치적 공간이 아닌, 문화공간이자 쉼터인 공원이다. 사람들은 이곳에서 예술작품을 관람하기도 하고, 사진을 찍기도 하고 대통령궁이 보이는 넓은 잔디밭에서 소풍을 즐기기도 한다.

아옌데의 죽음으로부터 지금까지 칠레인들이 민주화를 위해 흘린 피와 땀은 오늘의 칠레를 만들었고, 대통령궁조차 자신들의 공간으로 삼아 자유와 민주주의를 누린다.

우리의 현대사에서도 수많은 이들이 민주주의를 외치며 목숨을 바쳐왔다. 나 역시도 대부분의 시간을 거리에서 보내며 붉은 피를 쏟아내는 민주주의를 보았다.

그때로부터 10년이 흘렀고 많은 것이 변했지만 진정한 것은 변하지 않았다. 범죄자들은 면죄부를 부여받았으며, 권위주의는 여전했다. 껍데기만 요란하게 포장된 민주주의는 여전히 피를 흘리고 있다.

민주주의라는 탈을 쓴 기만적 헤게모니의 철옹성 너머에 있는 우리나라 지도자들을 아옌데의 동상 앞에, 시민에게 개방된 대통령궁에 데려다놓고 싶다. 그들은 어떤 이야기를 할까. 왜 망명을 하지 않았냐며, 바보 같은 짓이었다며 아옌데를 책망할까. 그들에게 국회의사당의 넓디넓은 마당이라도 시민들에게 개방하라고 하고싶다.

대통령궁 지하의 모네다궁 박물관

대통령궁을 바라보는 아옌데동상

악마의 와인 창고

지도를 뒤적여 와인 투어를 할 수 있는 꼰차이또로^{Concha y Toro}를 찾았다. 세계테마기행에 나왔던 선술집이나 발효주인 치차도 궁금했지만, 칠레의 와인에 더 구미가 당겼다. '예약 필수'라는 말에 공중전화를 찾는다. 기계음 너머로 들리는 소리로 대화를 하려니 진땀이 난다. 동전 200페소가 다 떨어져서야 예약번호 5,000번을 확인한다.

예약시간인 세시까지는 여유가 있다. 하지만 지하철로 서른 정거장이나 가야 하고, 다시 꼴렉띠보로 갈아타야 하니 시간이 얼마나 걸릴지 짐작이 안 된다. 늦어서 못 들어가느니 일찍 가서 놀자는 생각에 가까운 칠레대학^{Universidad de Chile}역으로 간다. 이곳도 교통카드를 많이 쓰는지 표를 사는 사람보다 카드를 충전하는 사람이 더 많다.

개찰구에 표를 집어넣으니 다시 뱉어내지 않는다. 한번 표를 내면 그걸로 끝이다. 한 정거장을 가든, 하루 종일 지하철을 타고 돌아다니든 똑같이 380페소다. 내릴 때는 작은 문을 밀고 나오면 그만이다.

산띠아고의 지하철은 다섯 개의 노선이 도시 전역에 걸쳐 운행된다. 역과 차량은 무척 깨끗하다. 크기는 한국 지하철보다 작은 편이고 차량과 차량 사이를 연결하는 문이 없어 왔다갔다하기에 편하다. 산띠아고 사람들이 가장 많이 이용하는 대중교통 수단이라 그런지 시내 중심가로 들어가는

꼰차이또로의 포도넝쿨 터널

지하철은 언제나 만원이다.

꼰차이또로에 도착하니 예약시간까지 한시간이나 남아 와인 매장에서 시간을 보내기로 했다. 이곳은 매장이라기보다는 와인 전시장 같다. 은은한 갈색 톤의 매장에는 1996년부터 2007년까지 생산된 와인에다 와인 가방, 코르크 마개 등 와인을 마시는데 필요한 다양한 소품이 진열되어 있다.

와인의 가격은 저렴하다. 보통 4달러대의 와인이 많고 비싸도 10달러 안쪽이면 무난한 수준의 와인을 살 수 있다. 싼 가격에 몇 병이라도 사고 싶은 욕심이 생기지만 손수건 한 장 집어넣을 수 없는 배낭을 생각해 애써 참는다. 어차피 그림의 떡이라면 더 좋은 떡을 볼 요량으로 제일 비싼 와인을 찾는다. 알마비다 Almavida 1996년산이 216달러로 제일 비싸다. 견물생심이라 4달러짜리 와인에도 꿈쩍 안했는데 비싼 와인을 보자 슬금슬금 맛이 궁금해진다. 지름신이 가까운 곳까지 온 모양이다.

유혹을 겨우 뿌리치고 매장 밖 벤치에 자리를 잡는다. 따뜻한 햇살. 칠레의 와인을 만드는 햇살이다. 그렇게 눈부시지도 뜨겁지도 않은, 아주 맛있는 볕이다. "아, 햇살 맛 좋다!Que sabroso el sol!" 고개를 들어 하늘을 바라본다. 달콤한 봄 햇살에 나른해진다. 벤치에 누워 한숨 자면 꿀맛이겠다.

가슴에 붙인 동그란 스티커를 보고 가이드가 나를 부른다. 이제 투어가 시작되는 모양이다. 산띠아고에서 온 칠레인 가족과 브라질에서 온 부부와 함께 가이드를 따라간다. 동그란 포도넝쿨 터널과 창업주인 꼰차이또로의 저택을 지나 포도밭에 도착한다.

포도밭에서 시음하는 와인. 드디어 기다리고 기다리던 시간이다. 입가에

슬그머니 웃음이 번진다. 술을 좋아하는 편도 아닌데 왜 이리 좋은지. 시음용 와인은 까씨예로데디아블로$^{Casillero\ de\ Diablo}$라는 이름의 2007년산 레드와인이다. '악마의 와인 창고'란 뜻으로 꼰차이또로를 대표하는 와인이다. 먼 옛날, 와인을 좋아하는 성주가 와인을 도둑맞을 것을 걱정하다가, 와인 저장고에 악마가 산다는 소문을 퍼뜨린 데서 유래한 이름이다. 까씨예로데디아블로는 6달러의 중저가 와인으로 세계 곳곳에서 3초에 한 병씩 팔릴 정도로 유명하다.

맛을 보니 쌉싸름하고 시큼하다. 단 맛이 거의 없는 진한 맛이다. 레드와인은 심장병 예방에 좋다더니 역시 입에 좀 쓴 게 몸엔 좋은가보다. 동네 구멍가게 와인에 길들여진 혀가 좀처럼 적응하지 못한다. 다 마시지 못한 채 찰랑이는 와인 잔을 들고 악마의 술 창고로 향한다.

서늘한 지하에 들어서니 수백 개의 나무통이 가득하다. 보는 것만으로도 취기가 돈다. 지하에는 이런 저장고가 몇 개나 이어져 있다. 와인 좋아하는 사람들이 이곳에 오면 무지 행복하겠다.

저장고 끝에 있는 작은 방은 악마가 산다는 곳이다. 창살 너머, 붉은 와인색 방에 악마의 그림자가 있다. 악마를 감옥에 가둬놓은 것처럼 보인다. 어딘가 익살맞은 저 모양새를 설마 무서우라고 만들어놓은 것은 아니겠지. 악마의 그림자가 농담을 던지는 것 같아 웃음이 나온다.

2006년산 레드와인 마르께스^{Marques}로 두 번째 시음을 하고 다시 하늘 아래로 나오니 기분이 좋다. 술에 취한 건지 와인 향기에 취한 건지, 아니면 시골마을의 맛난 햇살에 취한 건지.

악마가 갇혀 있는 방

'아빠 사랑해' 라고 장식된 묘

죽은 자의 날

중남미 대부분의 나라에서 11월 1일은 디아델무에르또[Día del Muerto]', 직역하면 '죽은 자의 날'이다. 망자를 기리는 날로, 우리로 따지자면 추석과 같은 명절이다. 멕시코의 경우 각 가정과 길거리가 모두 주황빛 나는 짙은 향의 꽃과 해골모양 사탕으로 도배된다. 각 지역별로 10월 31일 망자의 무덤 앞에서 밤을 새는가 하면 하나의 제의로서 노래와 춤판이 벌어지기도 한다. 각 가정엔 생전 고인이 좋아했던 음식들을 모아 제삿상을 올린다. 칠레의 죽은 자의 날은 어떤 풍경일까.

아침을 서둘러 먹고 공동묘지[Cementerio Central]에 가보니 묘지 앞에는 차량이 통제되고, 꽃가게는 사람들로 북적댄다. 꽃을 사서 묘지로 향하는 사람들 표정이 덤덤하다. 우리식으로 치자면 성묘를 가는 길인데 집 앞 가게에 계란이라도 사러 나온 듯 편한 복장이 눈에 띈다. 밝은 표정, 운동복 차림에 자전거 타고 가는 사람까지 참 다양하다. 95퍼센트가 가톨릭 신자라는데 종교의 영향일까, 아니면 그저 허례허식 없는 칠레인의 모습일까. 하지만 막상 공동묘지에 들어서는 이들의 발걸음은 무겁다.

묘지로 둘러싸인 세상. 커다란 연립 같은 묘역은 납골당과 비슷한 구조다. 산 사람보다 죽은 사람이 더 많은 곳, 슬프고 우울한 곳. 그래서일까. 묘지는 많은 꽃과 장식으로 화사하게 꾸며져 있다.

어떤 이는 물을 길어다 정성스럽게 묘를 닦고, 어떤 할아버지는 한 송이 한 송이 다듬은 꽃을 아내의 묘에 놓는다. 가족의 묘 앞에서 축 처진 어깨로 앉아 그리움을 곱씹는 사람들, 얼굴 가득 드리워진 슬픔의 그늘.

묘지 밖 꽃가게에서 보던 얼굴이 아니다. 그들의 아픔과 슬픔에 카메라를 들이대기가 미안하다. 누군가를 추모하기 위해 온 사람인양 그들처럼 느린 걸음을 걷는다. 먼발치에서 봤을 때는 꽃으로 화려하게만 보였던 것들이 가까이 다가서니 아픔이 된다. 어린 아이가 가져다 놓았을 "아빠 사랑해 Te Qiuero, Papa"라는 장식 앞에 선다. 나도 이제 아버지란 이름을 갖게 된 탓일까. 가슴이 아프고 코끝이 시리다. 아들딸들이 아버지의 날, 어머니의 날에 이곳을 찾아 남기고 갔을 사랑, 편지, 그리움.

이들의 슬픔을 대하자니, 하늘로 먼저 떠난 이들이 떠오른다. 이제는 너무 희미해 얼굴조차 흐릿해져버린 사람들이건만, 이곳에선 모든 죽음의 기억이 생생해진다. 오래전의 기억들이 되살아나 가슴이 저려온다. 남은 자에게 죽음은 마지막 순간까지 가져가야 할 그리움이고 슬픔인가 보다.

낯선 이의 묘 앞에 주저앉는다. 그러고 보니 이 앞에 장식된 화려한 꽃도 죽은 것이다. 뿌리가 잘리고 가지도 잘린 채 붉은 꽃만 덩그러니 남았다. 죽음을 장식하는 죽음인 셈이다.

우울한 기분을 애써 떨쳐내고 도망치듯 공동묘지를 나와 택시를 잡는다. 한아름 꽃다발을 들고 묘지로 향하는 사람들. 부디 그들에게 오늘 하루의 그리움이 너무 무겁지 않기를, 너무 아프지 않기를 빌어본다.

영원한 봄의 도시 아리까

ARICA★

CALAMA★
SAN PEDRO DE ATACAMA★

사계절 따뜻한 아리까 항구에서
칠레의 바다가 시작된다

VALPARAISO★
ISLA NEGRA★ ★SANTIAGO

CAÑETE★
★TEMUCO

CHILOÉ★

★PUERTO NATALES

★PUNTA ARENAS

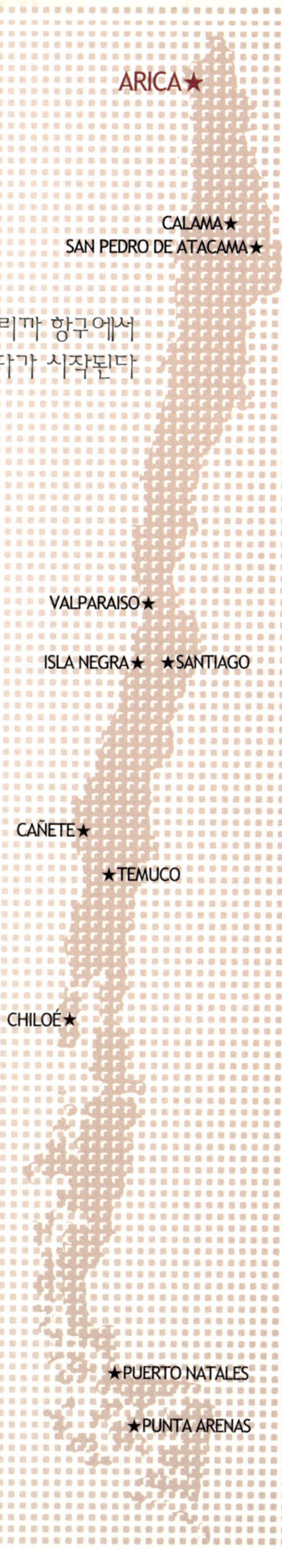

 **INFORMACIÓN T**
TOURIST INFO

TIRE
PULL

RÍSTICA
ATION

GOBIERNO DE CHILE
SERNATUR

ARICA Y PARINACOTA
GOBIERNO REGIONAL

TIRE
PULL

승리의 상징, 아리까 요새

사계절 따뜻한 날씨 때문에 영원한 봄의 도시라 불리는 아리까^{Arica}는 예로부터 바다와 육지의 관문 역할을 했던 곳으로, 칠레의 가장 북쪽에 있는 작은 항구 도시. 세계테마기행에 소개되었던 도시는 아니지만 칠레의 북쪽 끝이라는 이유로 이곳까지 오게 됐다.

아리까는 이곳에 살던 아이마라^{Aymara}족의 언어로 '새로운 문을 연다'는 뜻이다. 그 의미처럼 10,000킬로미터에 달하는 칠레의 해안선은 아리까에서 출발한다. 원래는 페루 영토였지만 1879년 발발한 태평양전쟁에서 페루-볼리비아 연합군이 패함에 따라 칠레 땅이 되었다.

전쟁이 끝나고 100년도 더 지난 지금, 항구 도시 아리까는 평화롭기만 하다. 바다가 보이지 않는 먼 곳에서도 바다 냄새가 난다. 바닷새는 도시 한가운데까지 들어와 날아다니곤 한다.

넓지 않은 도로엔 차와 사람들이 얽힌다. 내가 탄 꼴렉띠보는 사람들이 길을 건널 때마다 멈추느라 거북이 걸음이다. 신호가 바뀌건 무단횡단을 하건 그것은 중요하지 않다. 사람이 언제나 우선이다. 아리까뿐만 아니라 칠레의 모든 곳이 그렇다. 아마 칠레는 세상에서 '보행자 중심의 원칙'이 가장 잘 지켜지는 나라일 것이다.

바다와 가까운 곳에 있는 꼴론 광장^{Plaza Colón}에 내려 주위를 둘러본다. 모래

아리까 요새의 예수상

가 굳어 돌덩이가 된 것 같은 언덕이 버티고 있다. 아리까의 상징이자 시내를 한눈에 볼 수 있는 전망대, 아리까 요새$^{Morro\ de\ Arica}$다. 네 블록 정도의 거리로, 요새까지는 멀지 않아 보인다.

조용한 골목을 따라 요새를 마주보며 걷는다. 아리까를 찾는 여행객이 많지 않은지 전망대로 가는 길은 한산하다. 가파른 언덕에 요새로 향하는 길이 보인다. 그런데 모래언덕 아래로 길게 늘어선 집들이 길을 가로막고 있다. 사위를 둘러보지만 전망대로 올라가는 진입로는 영 보이지 않는다. 붙잡고 길을 물어볼 사람도 없다. 인적 없는 낯선 골목을 마냥 헤맬 수만은 없는 일. 누군가 막아놓은 철조망을 비집고 들어가서 길을 통과한다.

드디어 모래언덕의 길을 따라 정상에 선다. 땀을 식혀주는 시원한 바람, 그리고 어마어마한 바다. 가슴이 뻥 뚫리는 기분이다. 요새 어딘가에 둥지를 틀었을 새들과 패러글라이딩이 같은 하늘을 날고 있다.

항구에는 하얀 요트가 가지런히 정박해 있고 해안도로는 바다를 따라 달린다. 도시 뒤로 서 있는 모래언덕은 지평선까지 펼쳐져 있다. 아리까가 없었다면 저 사막은 세상에서 제일 큰 모래사장이 되었을 것이다.

요새 위에서 대형국기가 아리까 시내를 향해 펄럭인다. 십자가 모양으로 두 팔을 벌리고 있는 예수상$^{Cristo\ de\ la\ Concordia}$은 짐짓 '아리까는 내가 지킨다'는 표정이다. 10미터 높이의 예수상은 1923년에 아리까가 칠레의 공식적인 영토가 된 것을 기념해 세워졌다. 예수상 옆으로 태평양전쟁의 승리를 기념하며 세운 전쟁박물관$^{Museo\ Histórico\ del\ Morro}$이 있고 반대쪽으로는 군부대가 있다.

그러고 보니 이곳은 요새라는 이름처럼 전쟁을 위한 곳이거나 전쟁의 승리를 기념하는 곳이다. 슬쩍 박물관 안쪽을 들여다보니 승리를 기억하는 갖가지 무기들이 전시되어 있다. 승리를 위해서 얼마나 많은 사람이 죽어야 했을까. 산띠아고의 공동묘지가 떠오르며 괜스레 서글퍼진다.

요새의 대포가 향하고 있는 태평양을 마주보며 벤치에 앉는다. 특별히 변하는 풍경도 없는데 한참을 보고 있어도 지겹지 않다.

요새를 내려오다 보니 좁은 길 사이로 올라오는 사람들이 보인다. 올라올 때 가로질렀던 철조망 가까이의, 전망대를 짓는 공사장 옆이다. 공사장 옆으로 두 사람이 겨우 지날만한 좁은 골목이 있다. 올라오는 방향에서 보면 녹슨 함석판만 보이는, 영락없이 막다른 골목이다. 저러니 길을 못 찾지, 안내문이라도 좀 붙여놓지.

바다표범과 함께 사는 사람들

관광안내소의 직원이 꼭 가보라고 했던 곳 중 하나가 산마르코스 성당^{Iglesia de San Marcos}이다. 에펠탑의 설계자인 구스타보 에펠^{Gustavo Eiffel}의 작품으로 유명하다.

산마르코스 성당은 꼴론 광장 정면에 있어 굳이 찾아가지 않아도 자연스럽게 눈에 띈다.

1875년에 세워진 이 성당은 작가의 유명세에 비해 상당히 작고 오묘한 디자인이다. 성당 안이나 바깥이나 흰색과 갈색, 옥색 세 가지 색만을 사용했다. 꽃을 닮은 장식은 간결하면서도 인상적이다. 공주의 아름다운 별장이나 동화 속 요정의 집, 유럽의 풍경을 담아놓은 어느 사진집에서 본 것 같은 착각이 든다.

단순하면서도 화려한 느낌을 주는 형이상학적 디자인이라고 하면 말이 되려나. 압도하지 않으면서도 은근히 사람을 당기는 흡입력이 있다. 성당에도 명품이 있다면 바로 이곳이 아닐까.

꼴론 광장에서 멀지 않은 곳에는 아리까 항구(Puerto de Arica)와 어시장(Terminal Pesquero)이 있다. 오후의 어시장은 한가한 모습이다. 대부분의 가게는 새벽에 일을 시작해 오전 열 시 정도면 문을 닫는다고 한다. 왁자지껄한 모습을 기대했는데 아쉬운대로 남아있는 상점에서나마 새벽시장의 싱싱함을 상상하는 수밖에.

이곳에는 산띠아고 시장에서 보았던 것보다 더 큰 물고기들이 팔리고 있다. 사진 모델이 되어준 아저씨가 들고 있는 생선대가리는 사람의 얼굴보다 크다. 대구의 일종인 꼬르비나(Corvina)라는 생선인데 너무 커서 먹기도 무서울 것 같다.

시장 바로 옆 항구에는 그물을 손질하는 어부의 손길이 바쁘다. 그 와중에 펠리컨은 작은 천막 위에 앉아 호시탐탐 먹이를 노린다. 그 아래로 바다표범 한 가족은 정박된 배 사이를 헤엄치다 돌아와 몸을 말리고, 다시

물속으로 뛰어들기를 반복한다. 사람의 발길이 닿지 않는 곳까지 멀리 나가야 만날 수 있는 녀석들이 바로 눈앞에서 사람들과 어울려 산다. 산책 나온 가족은 바다표범의 물놀이 구경에 흠뻑 빠져 있다. 바다표범, 펠리컨과 한 바다에서 사는 사람들이다.

항구 옆 식당은 조용한 풍경화 같은 항구의 모습과는 전혀 다르다. 도떼기시장이 따로 없다. 손님이 던져주는 음식을 기다리는 떠돌이 개, 반쯤은 젖은 옷을 입고는, 그들이 잡아온 생선 요리를 먹는 사람들, 입에 담배를 물고는 음식을 나르는 주인아주머니. 뱃사람들의 목소리가 어찌나 큰지 기차 화통을 삶아먹은 것 같다. 이곳저곳에서 고래고래 터지는 함성, 웃음, 싸우는 것처럼 요란한 수다로 왁자지껄하다. 식당 뒤편 마당에선 무슨 파티라도 벌어지는지 맥주병이 연신 들어가고, 문틈 사이로 덩치 큰 뱃사람들의 모습이 나타났다 사라지곤 한다.

식당은 그물을 끌어올리는 바닷사람들의 힘과 열기로 가득하다. 잠시 후, 접시 가득 푸짐한 음식이 나온다. 두툼한 생선튀김과 밥, 야채에 감자튀김까지. 푸짐한 양에 맛도 일품이다. 1,300페소짜리 한 끼 식사에 값을 매길 수 없는 행복한 포만감까지 덤으로 얻는다.

꼴론 광장에서 바라본 아리까 요새

아리까 해변의 시간

바다 도시답게 아리까에는 크고 작은 해변이 많다. 아리까 사람들이 가장 즐겨 찾는 해변인 리쎄라^{La Lisera}는 모래사장과 암초들이 만든 동그란 호수 같다. 동그라미의 반은 모래사장이고, 나머지 반은 갯바위다. 파도가 바위에 부딪히며 잔잔한 물결을 만들어 해수욕을 즐기기에 더할 나위 없는 바다가 된다.

아직은 쌀쌀한 탓인지 수영을 하는 이들은 용감한 젊은이들뿐이다. 몇몇은 물속에 머리를 담그고 작은 조개들을 주워 담는다. 소풍 나온 가족들도 많이 보인다. 아이들은 파도와 술래잡기 하느라 바쁘다. 아이를 바라보는 엄마의 표정이 맑다. 하루 일과를 마치고 해가 기울 때까지 편안한 휴식을 취한다.

이들을 보고 있자니 네 살배기 아들과 아내가 그립다. 파도와 장난치며 깔깔거리는 아이의 웃음을 내 아이의 웃음소리인양 여기며 라우초 해변^{Playa el Laucho}으로 발걸음을 옮긴다. 라우초 해변까지는 검은 갯바위길이 이어진다. 갯바위 곳곳에서 파도와 싸우는 낚시꾼의 손이 바쁘다. 깡통에 줄을 감아 만든 깡통 낚싯대를 한 손에 들고 다른 한 손으로는 줄을 던졌다 당겼다 한다. 뭐라도 잡았냐고 물어보니 '나다^{Nada}!' 라고 한다. 아무것도 못 잡았다는 뜻이다. 이 거친 파도 아래에는 아무 것도 없을 것 같지만 그

아리까 사람들과 함께사는 바다표범 가족

들은 여전히 낚싯줄을 바다에 던진다.

라우초 해변에서는 축구시합이 한창이다. 다섯 명씩 팀을 나눠 모래사장에서 벌이는 미니축구에는 신발이 필요 없다. 맨발의 아저씨들이 헛발질을 할 때마다 모래가 사방으로 튀고, 뜀박질도 뒤뚱뒤뚱하지만 세레머니만큼은 프로급이다. 배가 불룩 나온 아저씨는 양팔을 날개처럼 펴고는 사방으로 뛰어다니더니 사람들을 얼싸안기까지 한다. 선수 수가 적은 탓인지 경기장이 작아서 그런지, 골이 쉽게 터지고 세레머니도 연이어 펼쳐진다.

어느덧 경기가 끝나 모두 떠나고, 파도와 싸우던 낚시꾼도 빈손으로 돌아간다. 텅 빈 모래사장에는 파도만 남는다.

체 게바라를 회상하다

ARICA★

CALAMA★
SAN PEDRO DE ATACAMA★

"길 위에서 보낸 시간이 나를 송두리째 변화시켰다"
―체 게바라

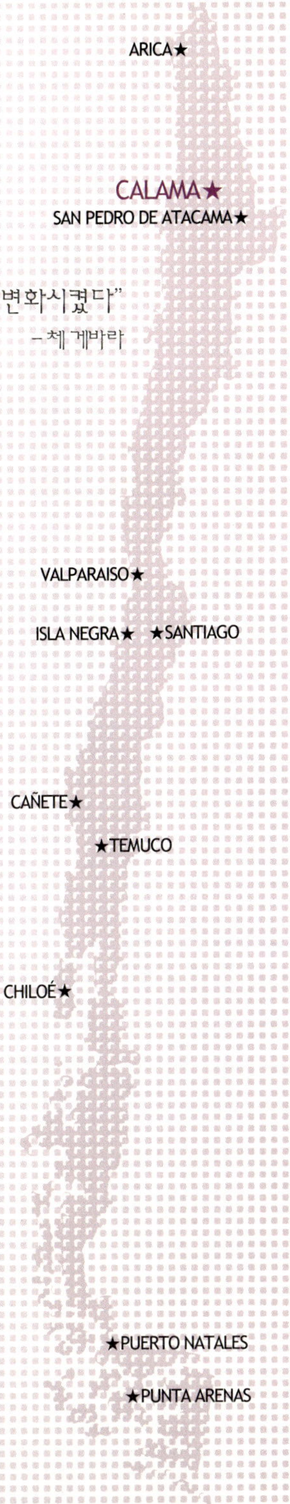

VALPARAISO★

ISLA NEGRA★　★SANTIAGO

CAÑETE★
　★TEMUCO

CHILOÉ★

★PUERTO NATALES

★PUNTA ARENAS

험난한 깔라마 입성

새벽 세시 반. 겨우 잠이 들었건만 심야버스의 불이 켜지더니 승객들을 모두 하차시킨다. 아리까 공용버스터미널에서 실었던 개인 짐도 돌려준다. 차디찬 바람에 정신을 차리고 둘러보니 세관 건물 앞이다. 설마 했던 짐 검사는 현실이 된다.

공항처럼 엑스레이로 검사하는 것도 아니고, 가방을 풀어놓으면 세관원이 와서 일일이 확인한다. 외국인이라고 예외는 없다.

어느 책에선가 본 '법의 칠레$^{Ley\ de\ Chile}$' 란 말이 생각난다. 칠레인들은 법을 중요하게 여기고 법을 잘 지킨다는 의미도 있지만, 반대로 너무 고지식하게 원칙만 따진다는 비아냥이 담긴 말이기도 하다. 아무렇지도 않게 무단횡단을 하고, 거리에 담배꽁초를 함부로 버리는 모습에 '말 뿐이구나' 생각했는데 꼭두새벽에 소지품 검사까지 받고 나니 실감난다.

다시 버스에 오르고 달아난 잠을 겨우 불러보지만 너무 춥다. 버스 안내원이 나눠준 얇은 담요로 추위를 이기기엔 역부족이다. 칠레 사람들이 이불보따리를 들고 버스에 타는 모습이 의아했는데, 이제야 그 이유를 알겠다.

눈을 붙이는 둥 마는 둥하며 두세 시간쯤 지났을 무렵, 목적지인 깔라마^{Calama}에 도착했다. 버스는 큰 길가 정류장에 승객을 내려놓고는 이내 사라져버린다. 그제야 깔라마에 공용터미널이 없다는 것을 눈치 챘다. 칠레 사람들은 택시를 타고 목적지를 향해 가버리고 큰길 한복판에 덩그러니 남겨진 사람들은 모두 외국인들뿐이다. 모두들 막막한 표정이다. 초겨울 아침 같은 추위에 몸이 떨린다. 용케 담요를 가지고 있던 여행객은 담요를 꺼내 망토처럼 두른다. 날이 밝을 때까지 이곳에서 버틸 모양이다.

그러나 나는 담요는커녕 두꺼운 점퍼조차 없다. 어디라도 가서 추위를 피할 요량으로 택시를 잡아타고 아르마스 광장으로 가지만, 광장에는 시커먼 개 서너 마리만 어두컴컴한 도시를 어슬렁거린다. 막막함의 연속. 화면 속 세계테마기행만 생각하다 보니 배낭객의 신분을 망각한 모양이다. 가만히 앉아있으니 한기가 더 느껴져 광장을 뱅글뱅글 돈다. 노숙자가 따로 없다. 몇 바퀴나 돌았을까, 드디어 깔라마 사람 발견! 행여 사라질세라 열심히 달려가 문 연 곳을 물어보니 주유소에 있는 24시간 편의점을 알려준다. 24시간 편의점이 있었다니, 진작 알았으면 이렇게 추위에 떨지 않아도 됐을 텐데. 그래서 정보가 중요한가 보다.

편의점은 세 블록 거리에 있었다. 뜨거운 커피 한 잔에 몸이 따뜻해진다. 이제야 살 것 같다. 커피 한 잔에 이렇게 행복해질 수도 있구나. 하지만 좁은 가게 안에 장승처럼 서 있자니 슬슬 눈치가 보인다. 이 시간에 문 연 곳이 이곳 뿐이라 오가는 사람도 많다. 다시 커피 한 잔을 시키고, 좀 있다가 샌드위치도 하나 시켜서 먹고 그럭저럭 두 시간을 버텨본다. 아침 여덟 시, 날도 많이 밝아졌다. 지금쯤이면 식당도 문을 열었을 것 같아 커다란 배낭을 다시 짊어지고 편의점을 나선다.

아르마스 광장을 오가는 사람들은 많아졌지만, 주변 식당의 문은 여전히 닫혀있다. 다시 노숙자가 되어 한참을 배회하고 나서야 문을 여는 식당이 보인다. 시계를 보니 아홉시. 이 시간이 되어야 장사를 시작하는 모양이다. 다른 식당들도 하나 둘씩 문을 연다. 깔라마의 하루가 시작된다.

체 게바라의 흔적을 찾아

아르마스 광장에서 꼴렉띠보를 타고 추끼까마타 광산$^{Mina\ Chuquicamata}$으로 간다. 광산 투어는 1시 30분부터지만 EBS 다큐멘터리에서 본 추끼까마타 광산 제련소를 둘러보고, 노동자들을 만날 수 있는 '특별한 배려'를 얻기 위해 세 시간이나 앞서 간다.

정문 옆에 있는 사무실로 찾아가 촬영협조를 요청해본다. 한국의 EBS 방송국을 아느냐, 책을 쓰는데 사진이 필요하다는 등 구구절절 설명을 해보지만 촬영을 하려면 서류를 제출하고 허가를 받아야 한단다. 준비할 서류가 한두 가지가 아니다. 당장에 준비할 수 있는 것도 아니고 한국에서 가져와야 하는 서류도 있다. 무대뽀 정신이 통하지 않는다.

이제는 투어 버스가 나올 때까지 길가에서 기다려야 한다. 다시 노숙자 신세. 실패의 댓가는 사막의 모래바람으로 돌아온다. 투어 시간까지는 두

깔라마를 대표하는 구리제품들

시간도 더 남았건만 햇볕을 피할 곳도 마땅치 않다. 잎사귀가 부실한 사막의 나무는 햇볕을 가려주지 못한다.

제련소 광산 노동자들을 만나고 싶었던 이유는, 세계테마기행에서 광산 노동자라면 누구나 체 게바라의 초상화를 가지고 있다고 했기 때문이었다. 그들이 추억하는 체 게바라의 흔적이라도 확인하고 싶었다. 추끼까마타 광산은 체 게바라가 변혁을 꿈꾸기 시작한 그 즈음에 들렀던 곳이다. 그는 이곳의 광산 노동자들을 만나 궁핍한 착취의 삶을 직접 보며 남미의 변화를 꿈꾼다. "길 위에서 보낸 시간이 나를 송두리째 변화시켰다"던, 그 역사적인 장소인 셈이다.

1928년 아르헨티나의 유복한 집안에서 태어난 에르네스토 게바라Ernesto Guevara는 평범한 의학도였다. 남과 다른 것이 있다면 인간에 대한 사랑과 열정이 남달랐다는 점이다. 그는 의대 졸업을 앞두고 오토바이 '뽀데로소Poderoso'를 타고 남미 대륙을 여행한다.

그러던 중에 에르네스토는 칠레의 사막에서 쫓기고 있던 사회주의자 부부를 만난다. 그들은 정치적 유배지이자 피난처인 추끼까마타 광산에 가는 길이었다. 1950년대 서슬 퍼런 군사 독재시절, 사회주의자 부부를 따라 광산에 온 에르네스토는 이제껏 자신이 알던 것과는 전혀 다른 세상을 만난다. 노동자를 짐승 다루듯 하는 가진 자들의 세상, 이념과 사상이 다르다는 이유만으로 존중받을 수 없는 세상, 소작농과 노동자가 빈곤 속에서 속수무책으로 착취당하는 현실에 충격을 받는다.

에르네스토는 스스로에게 묻는다. 세상이 변하는 것이 아니라 우리가 변하는 것 아닐까. 그는 자신의 변화가 세상을 변화시킬 수 있음을 자각한다. 그리고 외친다. "이들에게 자유를 돌려주리라, 내 가슴을 뛰게 하는 이들을 위해 살리라" 에르네스토는 편안한 삶을 버리고 시대의 불의에 맞선 가장 인간적인 혁명가 체 게바라로 다시 태어난다.

체 게바라는 이날의 기억을 "이 생존전쟁의 이름 없는 영웅인 가난한 노동자들이 하루치 빵을 벌기 위해 자연이 자신의 보물을 지키려고 파놓은 수천 가지 함정에 빠져 비참하게 죽어간다"고 남겼다.

자신의 삶에 혁명을 이룬 체 게바라는 스물여덟 살에 쿠바 혁명을 성공시킨다. 그리고 콩고와 볼리비아 혁명을 위해 싸우다 볼리비아의 외딴 산골 마을에서 정부군에게 처형당한다. 당시 그의 나이는 서른일곱 살이었다. 프랑스의 실존주의 철학자 사르트르가 "이 시대의 가장 완벽한 인간"이라고 칭송했던 체 게바라는 저항의 상징이자 혁명을 꿈꾸는 자들의 영웅이 되었다. 더불어 자유를 사랑하는 중남미 젊은이들에겐 살아있는 신화이자 영원한 벗이기도 하다.

'우리 모두 리얼리스트가 되자, 그러나 가슴엔 불가능한 꿈을 가지자!' 라고 외쳤던 체 게바라를 떠올리며, 햇빛에 바싹 마른 몸을 버스에 싣는다. 그가 보았던 것, 느꼈던 것, 나는 또 얼마나 보고 느낄 수 있을까.

그러나 그렇게 기대했던 체 게바라의 흔적은 광산 어느 곳에도 보이지 않는다. 중앙통제센터 GPS시스템의 통제 아래 트럭만 뿌연 먼지를 날리며 오갈 뿐이다. 먼발치에서도 노동자들의 모습을 볼 수가 없다. 체 게바라와의 인연을 예서 찾기는 어려울 모양이다. 세계테마기행이 체 게바라를 찾아 광산 노동자의 집까지 갔던 이유를 알겠다.

배낭여행자 본분으로 돌아가 광산이 내려다보이는 전망대에 오른다. 지름 5킬로미터, 깊이 1킬로미터, 광맥의 길이 50킬로미터, 매장량 180억 톤. 전 세계 구리자원의 40퍼센트가 묻혀있다는 광산은 커다란 산이 거꾸로 꽂혀 있다가 빠져나간 것 같다. 땅을 파고 만들어 놓은 거대한 피라미드 신전처럼 보인다. 하늘을 향해 커다란 입을 벌린 신전은 자욱한 흙먼지를 뿜어낸다. 사막을 제물 삼아 제라도 올리는 것 같다.

이 흙먼지는 추끼까마타를 죽음의 도시로 만들었다. '더 많이, 더 빨리'를 외치던 거대 자본은 광산 안에 마을을 만들고 광산 노동자와 가족들을 이곳에 거주시켰다. 1916년부터 1920년 사이에 지어진 추끼까마타 마을에는 은행, 병원, 대형마트, 극장 등이 들어섰고 학교도 다섯 곳이나 생겼다. 노동자들은 일이 끝난 뒤에도 추끼까마타를 벗어나지 못했다. 지난해까지 2만 명의 노동자가 가족과 함께 이곳에서 살았다. 광산이 뿜어내는 구리 먼지를 마시고 제련소가 뿜어내는 검은 먼지를 뒤집어쓰며.

결국 칠레 정부는 유해지역거주를 문제 삼은 국제사회의 압력으로 주민들에 대한 이주정책을 실시했고, 올해 2월 마지막 주민이 떠나면서 마을은 폐허가 되었다. 홍보실에서 나온 가이드는 광산 노동자들이 깔라마로 이주하면서 추끼까마타 마을에 살 때는 내지 않았던 월세를 내게 되어 이전보다 30퍼센트가 넘는 지출을 더 하게 됐다며 안타까워한다.

현재 개발중인 남쪽 광산

회사만 옹호하는 가이드의 설명을 한 귀로 흘리는 사이 버스는 또 다른 광산Mina Sur 언덕에 선다. 새로 개발되고 있는 두 곳의 광산 중 하나다. 몇 년, 몇 십 년이 지나면 추끼까마타 같은 광산이 두 개나 더 생긴다. 전 세계 구리 시장을 장악할 모양이다.

전망대 옆으로 광산만큼이나 유명한 대형 트럭이 서있다. 노란 공룡 같다. 바퀴 옆에 선 사람이 난장이처럼 보인다. 크기도 크지만 바퀴 하나의 가격만도 웬만한 승용차보다 비싼 42,000달러. 이곳에는 이런 공룡 트럭이 100대가 있고, 6개의 바퀴는 9개월마다 갈아줘야 한단다. 1년에 한 번씩만 바퀴를 갈아줘도 2,520만 달러. 게다가 1분만 움직여도 4.5리터의 기름이 들어간다. 엄청난 돈을 먹는 공룡이지만 이 트럭은 한 번에 360톤의 광석을 운반할 수 있다. 어디 가서 이런 트럭을 다시 보겠는가. 사람들은 사진 찍기에 바쁘다.

먼발치 언덕에서 시커먼 구리제련소를 본 후 텅 빈 마을을 지나 다시 광산 입구로 향한다.

내가 만나고 싶었던 추끼까마타 노동자들은 제련소 어디쯤, 광산 깊은 곳 어디쯤에서 구리 먼지를 뒤집어쓴 채 땀 흘리고 있을 것이다. 그들을 만나 체 게바라 이야기를 듣고 싶었는데 허전한 기분이 떨쳐지지 않는다.

추끼까마타의 제련소

죽음의 땅에서 찾은 생명

ARICA★

CALAMA★
SAN PEDRO DE ATACAMA★

10년 전 마지막 비가 내렸던 아따까마의 소금 사막.
온갖 화학물질이 섞여있는 소금호수.
그곳에도 생명은 존재한다

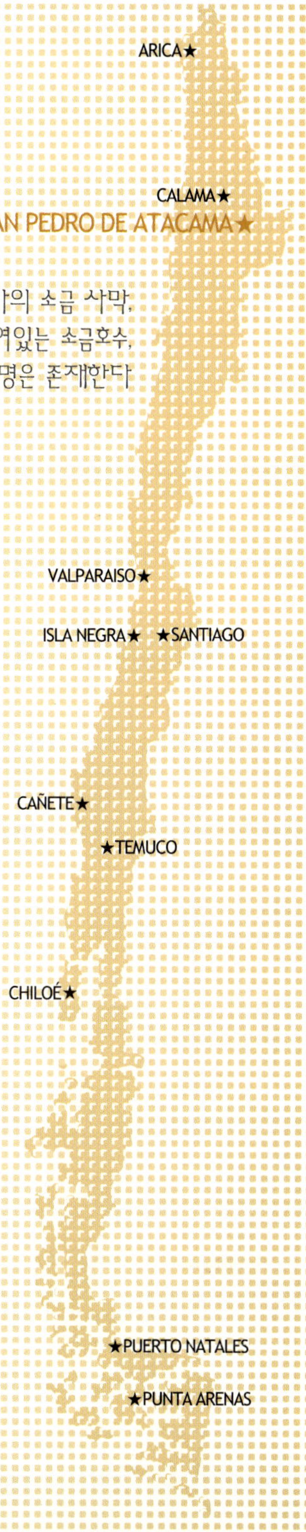

VALPARAISO★
ISLA NEGRA★ ★SANTIAGO

CAÑETE★
★TEMUCO

CHILOÉ★

★PUERTO NATALES
★PUNTA ARENAS

황토색 세상 사람들

깔라마에서 1시간 반을 달려 산뻬드로데아따까마^{San Pedro de Atacama}에 도착한다. EBS 세계테마기행에서 이곳을 보는 순간 '생명'과 '죽음'이라는 극과 극의 단어가 동시에 떠올랐다. 죽은 듯 살아있는 땅, 살아있는 듯 죽은 땅이었다.

삶과 죽음의 경계 혹은 공존의 땅에 들어선다. 황토색 길, 황토색 담, 황토색 집. 온통 황토색 세상이다. 칠레가 아닌 또 다른 나라에 온 것처럼 낯선 풍경이다. 시골마을 흙벽을 따라 걸어본다. 흙벽은 너무 바싹 구워져 먹을 수 없게 되어버린 과자 같다. 발걸음을 뗄 때마다 잔 먼지가 일고, 차들이 지날 때마다 한바탕 먼지를 뒤집어쓴다. 도대체 얼마나 오랫동안 비가 오지 않은 것일까. 이 마른 땅에도 나무가 자라고 새순을 틔우는 것이 신기할 따름이다.

마을사람보다 관광객이 더 많다는 아따까마 거리에는 PC방, 카페, 레스토랑, 여행사들이 즐비하다. 버스정류장으로 이어지는 좁은 골목에는 작은 민예품 상점들이 늘어서 있다. 황토색 도시와 어울리지 않을 것 같은 원색의 옷들, 사막의 나무를 깎아 만든 탈들이 보인다. 가게를 통째로 가방에 담아가면 좋겠다.

민예품 골목을 빠져나오니 아르마스 광장이다. 광장 옆에는 1641년에 지

황토색 교회의 종탑

어진 하얀 성당Iglesia de San Pedro de Atacama이 황토색 마을과 어우러져 있다.

성당 담벼락 앞에서 자전거 체인을 고치고 있는 아이는 체인을 고쳐 끼운 뒤에도 바퀴 돌리기 놀이만 계속한다. 옆집 꼬마를 보는 것처럼 친근하게 느껴진다. 왠지 저 아이도 몽고반점을 갖고 태어났을 것 같다. 세계테마기행의 성석제 작가가 칠로에 섬Isla Chiloé의 어린아이에게 발견했던 몽골리언으로서의 동질감을 이 사막의 도시에서 느낀다.

'윙윙' 하는 아이의 자전거 소리와 작은 새의 울음소리만 남은 아따까마는 지루할 정도로 조용하다. 대부분의 여행객들은 사막을 향해 썰물처럼 빠져나갔고 거리의 시계는 한없이 느리다. 더위가 느껴지지 않는 따가운 햇볕. 나무 위에서는 금방이라도 매미소리가 들릴 것 같다. 벤치에 앉아 꾸벅꾸벅 졸고 있는 아저씨의 모습이 정지된 화면 같다. 숨차게 달려온 길, 이 여유로운 풍경 속에서 잠시 쉬어가도 좋겠다.

오후가 되자 여행객들이 밀물이 되어 돌아온다. 여행사의 미니버스는 아르마스 광장에 여행객들을 쏟아놓는다. 참 다양한 사람들이 이 사막에 모이는구나. 깔끔하게 차려입은 할머니 할아버지, 아랍의 분위기를 풍기는 여자, 집시 스타일의 젊은이들, 펑크족, 히피족, 백인들과 동양인도 한둘 보인다. 깔라마에서 소풍 나온 아이들도 왁자지껄하며 지나간다.

아따까마의 시계가 다시 돌아간다.

이따까마의 흙담은
손을 스치면 풀풀 먼지가
일 것처럼 바싹 말라있다

땅 위에 내린 소금 눈

밤새 우려낸 꼬까차^{Mate de coca}를 챙겨 호텔을 나선다. 해발 4,000미터까지 올라가야 하는 오늘, 꼬까차는 고산증을 날려줄 특효약이다. 마을을 벗어나자 사방으로 펼쳐지는 사막, 아니 황무지. 모래땅만을 사막이라고 생각해 온 고정관념 때문에 선뜻 이곳을 사막이라고 하지 못했지만, 스페인어로는 사막과 황무지를 똑같이 '데씨에르또^{desierto}'라고 부른다.

사막과 황무지를 오락가락하는 사이 도로 좌우로 길게 뻗은 숲을 지난다. 이 황량한 땅에 숲이라니 뜻밖의 풍경이다.

한국어로 '친구'라며 나를 부르는 가이드 하이메^{Jaime} 말에 따르면 사막화를 막고, 사막을 살아있는 땅으로 되돌리기 위한 일명 '알마 계획^{Project Alma}'에 의해 사막에 나무를 심기 시작했다고 한다. 사막을 옥토로 만드는 계획이라니, 그 발상이 참으로 대단하다. 사업을 시작한 지 이미 30년이 지났고, 앞으로도 몇 십 년 뒤에나 결과를 알 수 있는 사업인데, 쥐어짜도 물 한 방울 안 나올 것 같은 땅에 그게 가능할까.

그러나 자신의 몸보다 두세 배는 긴 뿌리를 갖고 있는 아까시아^{Acacia} 나무는 생각보다 잘 자라고 있다. 아따까마의 해발고도가 2,400미터 정도라 적정한 기온과 땅이 간직한 여러 가지 영양분이 나무를 키운다. 고마운 사막이고, 대견한 나무다.

착사호수의 플라맹고 부부

사막에 인공림을 조성하는 이 어마어마한 계획은 아옌데 대통령이 시작했지만 삐노체트의 공이라는 사람도 있다. 쿠데타로 아옌데를 쫓아낸 삐노체트 정권이 장기집권하면서 자기 사업인양 떠들어댄 게 아닐까 의심해본다. 거짓말도 오랜 세월 듣다보면 사실처럼 느껴지니까.

아옌데든 삐노체트든 내 아들의 아들을 위해 사과나무를 심는 노인처럼, 칠레인은 자신들의 후손을 위해 세상을 가꾸고 준비한다. 2012년까지 계속될 인공림 조성 사업. 100년을 내다보는 이들의 인내와 의지가 대단하다.

인공 숲의 기적을 지나 아따까마 사막^{Salar de Atacama}의 동쪽 쏜꼬르 지역^{Sector Soncor}에 들어선다. 짠 미역냄새가 난다. 그리고 유황냄새, 무엇인지 모를 화학냄새도 바람에 섞여있다.

그리고 또 다른 기적이 나타난다. 하얗게 펼쳐진 소금사막. 흙도 돌도 모래도 아닌 것들이 제 멋대로 솟아 지평선까지 이어진다. 너무 뜨거운 햇빛 때문에 땅이 쪼그라든 것처럼. 사막의 모습은 때 이른 봄, 아무렇게나 갈아놓은 논에 서리가 앉은 것 같다. 눈 온 뒤 지저분해진 땅이 그대로 굳어버린 것도 같고, 눈밭을 비집고 솟아오른 땅 같기도 하다.

저것이 다 소금이라니, 눈앞의 광경이 좀처럼 믿기지 않지만 비와 태양이 1억 3천만 년 동안 만든 작품이다. 아따까마 사막 주변에 있는 화산에 비가 내리면 그 비가 땅속으로 스며들어 아따까마 사막 아래까지 흘러온다. 땅속에 있는 물은 오랜 세월을 거치며 뜨거운 태양에 증발된다. 이때 땅속에 있는 소금을 비롯해 화산에서 흘러온 갖가지 화학성분이 함께 올라

소금사막의 소금길

와 굳는 것이다. 그렇게 만들어진 소금 덩어리는 70센티미터까지 자라는 것도 있다.

이곳의 소금을 먹을 수만 있다면 칠레 국민이 평생 소금 걱정 안하겠다. 하지만 이곳 소금에는 리튬, 황산 등의 화학물질이 섞여 있다. 얼마나 짤까. 하이메의 경고에도 불구하고 설마 죽기야 하겠냐는 마음으로 도전해 본다. 세계테마기행 촬영차 이곳에 왔던 성석제 작가도 맛을 봤는데, 나라고 질소냐. 그런데 지독한 맛이다. 이 쓰고 비릿한 걸 어떻게 먹었지, 방송하는 것도 쉬운 일은 아니었겠구나. 하이메가 '그것 봐' 하는 표정으로 얄밉게 웃는다.

많은 소금사막 중에 사람들이 유독 이곳을 찾는 이유는 세계에서 세 번째로 큰 소금호수인 착사호수와 플라맹고 때문이다. 비 한 방울 내리지 않는 이곳에 안데스 산맥에서부터 흘러온 지하수만으로 호수가 생긴 것도 놀랍지만, 갖가지 화학물질이 섞여있는 호수에 생명이 존재한다는 것이 경이롭다.

하얀 소금사막 한가운데 있는 소금호수에서 부리를 흔들며 먹이를 먹고 있는 플라맹고. 이들이 먹는 것은 물속의 작은 생물이다. 먹이사슬의 가장 아래에 있는 이 생물은 아르떼미아 프란시스까나Artemia Franciscana라는 좀 어려운 이름을 갖고 있는데, 생김새는 꼭 갓 태어난 새우 같다. 호수의 생태계를 유지해주는 가장 중요한 생명체다.

사뿐사뿐 호수를 거니는 플라맹고는 평생 일부일처제를 지키며 짝이 죽으면 따라서 굶어죽는다. 부부의 애정이 사람보다 낫다. 이들은 먹이사냥도 함께 한다. 짝을 이루어 같이 부리를 담그고 호수에 머리를 흔들어댄다. 파란 하늘에는 먹이를 찾아 유랑을 떠나는 분홍색 플라맹고 한 쌍이 지난다.

소금덩어리 아래에는 도마뱀과 작은 쥐들의 터전이 있다. 그리고 잠자리, 부엉이, 여우 등 다양한 생명이 이곳에서 살아간다. 오래 있으면 역한 화학냄새로 코가 시큰해지고 머리가 아파오는 이곳에서 이들은 나름의 질서를 유지하며 먹고 자고 짝을 이루며 살아간다. 죽은 것 같은 땅에도 생명은 존재하고, 대를 이어간다. 그 자연의 위대함이, 기적처럼 살아가는 생명이 인간을 이곳으로 부른다.

하늘을 닮은 호수

창밖으로 이국의 메마른 풍경이 스쳐간다. 잠시 하이메와 수다를 떨어본다. 그는 동양인, 특히 동양여자를 좋아한다고 한다. '친구'라는 말도 한국여자에게 배웠단다. 세상에서 한국여자가 제일 예쁘단다. 듣기 좋으라고 하는 이야기가 아닐까하는 의심도 들지만, 하이메는 한국여자의 작고 아담한 체형, 조용하고 친절한 모습이 좋단다. 다 그런 것은 아니라고 말

하지만, 무조건 좋다는데 뭔 말이 필요할까.

이야기는 개인사로 이어져 가족 이야기가 나오고 그가 이혼남이란 사실을 알게 된다. 가톨릭 국가에서 이혼하는 것이 쉬운 일이 아닌 터라 사연이 궁금했지만 침묵을 지킨다. 개인사를 묻는 것이 예의가 아니란 생각도 들고, 다섯 살 된 아들을 보고 싶어 하는 그의 쓸쓸한 얼굴을 보며 차마 더 물을 수 없다. '나도 아들이 보고 싶다'는 말로 동병상련의 정을 나눈다.

수다가 정적으로 변해버리는 사이, 차는 언덕을 오르고 몇 굽이 길을 돌아 매표소 앞에 선다. 메마른 언덕엔 키 작은 덤불들이 바람에 날린다. 커다란 고슴도치가 웅크려 꿈틀대는 것 같다. 덤불도 땅과 같은 색을 갖고 있다. 마치 아따까마의 집들이 땅과 같은 빛을 가진 것처럼.

고개를 넘자 해발 4,380미터에 펼쳐지는 커다란 미스깐띠 호수^{Laguna Miscanti}. 숨 막히는 풍경에 머리가 지끈하다. 시릴 만큼 지독하게 푸르러서 하늘이 호수이고, 호수가 하늘 같다. 어떤 물감을 풀어 놓은들 이 푸른빛을 따라갈 수 있으랴. 오직 하늘과 자연만이 창조할 수 있는 색과 빛이다. 저 소금호수에 몸을 담그면 내 몸까지 파랗게 물들어버릴 것 같다.

푸른 호수는 하얀 소금 반지를 끼고 있다. 하늘에서 내려다보면 분명 그렇게 보일 것이다. 언덕의 작은 덤불 꼬이로아^{Coiroa}는 색 바랜 카펫이 되어 소금 반지까지 이어진다. 조금 큰 노루처럼 생긴 비꾸냐^{Vicuña} 가족은 카펫을 지나 호수를 향해 한가로이 걸어간다. 너무나 평화롭고 느린 걸음으로, 마치 아따까마의 사람들처럼. 아니 아따까마의 사람들이 이곳의 자연을 닮았을 것이다.

호수를 향해 난 작은 길을 따라 언덕을 내려간다. 맑은 바람은 구름 한 점 없는 하늘처럼 청명하다. 바람에 색이 있다면 이곳에는 푸른 바람이 불지도 모르겠다. 한 번도 바람을 느껴본 적이 없는 사람처럼 가슴을 한껏 열고 바람을 맞는다.

정적을 깨고 '친구' 하며 나를 부르는 하이메. 언덕을 내려가는 나를 제지한다. 가서는 안 되는 길이란다. 봄에는 미스깐띠의 동물들에게 양보해야 하는 길이다. 봄에만 찾아오는 따구아 꼬르누다Tagua Cornuda라는 새 때문이다. 어찌나 성격이 까다로운지 사람이 가까이 다가가기만 해도 호수를 떠나 다시는 돌아오지 않는다. 1년간 낳는 100여 개의 알 중에서 살아남는 것은 네다섯 개 정도밖에 안 되는 귀한 몸이다.

길을 막는 꼬르누다가 좀 원망스럽지만 이곳은 저들의 땅인 것을 어쩌랴, 인간은 잠시 쉬어갈 뿐. 아쉬움을 뒤로 하고 허락된 길로 방향을 바꾸니 미스깐띠의 돌들이 길을 안내한다. 돌길이 끝나는 곳, 그곳까지가 인간의 영역이다.

미스깐띠 호수 뒤로는 미스깐띠 산Cerro Miscanti이 서있다. Cerro를 직역하면 언덕이지만, 사실 우리 입장에서 보면 산에 가깝다. 삼각형 모양의 산은 어린아이가 도화지에 그려놓은 산처럼 너무 착하게 생겼다. 맘만 먹으면 금방 오를 수 있을 것 같지만 해발고도가 5,600미터나 된다.

미스깐띠 호수 옆에는 미니께스 호수Laguna Miñiques가 있다. 지척의 거리지만 천천히 걷다보면 가깝게만 느껴지지는 않는다. 미니께스 호수는 미스깐띠 호수보다 크기만 작을 뿐 모든 것이 미스깐띠 호수와 닮아있다. 하늘

소금으로 만든 하얀 반지를 끼고 있는 미스깐띠 호수

을 담은 색이며 수영을 즐기는 꼬르누다며 호수를 둘러싼 소금띠며 마치 쌍둥이 자매가 나란히 있는 것 같다. 미니께스 호수 뒤에는 5,910미터의 미니께스 산$^{Cerro\ Miniques}$이 보디가드처럼 호수를 지킨다. 두 쌍의 산과 호수, 쌍둥이 부부라고 해야 할까. 호수가 두르고 있는 소금 반지는 산들이 선물한 결혼 반지가 아닐까 하는 엉뚱한 상상도 해본다.

미스깐띠의 생명이 잉태되는 봄에는 먼발치에서나마 호수를 보는 것만으로도 감지덕지해야 하지만, 여름과 겨울에는 무척 재밌을 것 같다. 짜디짠 소금호수에 몸을 둥둥 띄우고 책을 읽어도 좋겠고, 꽁꽁 언 호수 위를 거니는 것도 꽤 낭만적일 것 같다. 물론 새까맣게 타버리지 않도록, 바람에 몸이 날아가지 않도록 조심해야겠지만.

한참동안 해발 4,000미터가 넘는 곳을 서성이는데도 고산증세는 별로 느껴지지 않는다. 천천히 움직여서 그런가, 아니면 아침부터 마신 꼬까차 때문인가, 벌써 1.5리터 한 병을 다 마셨으니.

하이메는 이 모든 게 '미스깐띠의 선물$^{Regalo\ de\ Miscanti}$' 이란다. 언덕을 덮고 있는 고슴도치 풀, 꼬이로아가 만들어주는 산소 덕분이다. 고산의 억센 바람을 다 이기고 이곳을 찾는 이들에게 공기를 나눠주는 고마운 녀석, 꼬이로아의 누런색이 황금빛으로 다시 보인다.

미스깐띠의 돌길

미스깐띠 호수로 향하는 비꾸냐 가족

사막의 푸른 숲

전쟁까지 치른 칠레와 페루 사이에는 넘기 힘든 역사·문화적 갈등이 있다. 태평양 전쟁에서 이기고 영토까지 넓힌 칠레가 무슨 감정이겠냐 싶지만 칠레와 페루는 2002년 포도주 브랜드인 삐스코^{Pisco}의 상표권을 서로 주장하다가 국제 법정까지 갔다. 두 나라 사이의 감정은 유적지에서도 나타난다.

미스깐띠에서 내려와 버스가 선 곳은 황량한 벌판이다. 군데군데 널린 돌탑과 남북으로 길게 뻗은 좁은 길이 보이는 전부다. 아빠체따^{Apacheta}라고 불리는 돌탑들은 주변에 널린 돌들로 금방 만들 수 있을 것 같다. 그러나 이곳의 이름은 거창하게도 '잉카 길$^{Camino\ Inka}$'이다. 잉카인들이 이 길을 따라 이주했으며 남자들이 앞장서고 여자와 어린아이들이 뒤를 따랐다. 돌탑은 뒤따라오는 가족들을 위해 음식을 숨겨놓은 표시였다고 한다. 분명 하이메의 설명이 맞을 것이다. 하지만 왠지 '잉카문명도 칠레 것'이라고 말하고 싶어 하는 듯한 느낌이다.

아빠체따를 보자 작은 소원 하나 담아 돌탑을 쌓고 싶지만 잉카 문명 유물에 어설픈 나의 돌탑을 섞어놓을 수는 없는 일. 눈으로, 마음으로만 작은 돌탑 하나를 남겨놓는다.

잉카 길을 따라 나란히 난 도로를 타고 헤레스 계곡$^{Quebrada\ de\ Jerez}$에 들어선다.

눈앞에 펼쳐지는 짙은 초록의 풍경, 사막이 꼭꼭 숨겨놓은 보석이다. 종일 척박한 땅, 메마른 공기를 지나느라 말라버린 몸에 물기가 스며든다. 잊었던 풀잎냄새, 초록냄새. 소금기 없는 맑은 개울이 계곡을 적신다. 스페인어로 담수를 아구아 둘세(Agua dulce)라고 하는데 직역하면 '단 물' 이다. 헤레스에서 만난 개울이야말로 사막의 열기와 갈증을 씻어주고 마른 대지에 생명이 흐르게 하는 진짜 단물이다.

개울 옆 돌산에는 원시시대의 흔적이 남아있는 암각화와 동굴이 있다. 운이 좋으면 모랫길 아래 숨겨진 원시시대의 돌화살촉도 찾을 수 있다. 다른 여행팀 가이드가 손가락 한 마디만 한 돌화살촉을 보여주며 자랑을 해댄다. 화살촉 찾는 것이 생각처럼 어려운 것은 아닌 모양이다. 그 다음부터 일행 맨 꽁무니에 뒤처져 땅을 뒤적거리며 모래 길만을 뚫어져라 노려본다. 하이메가 그런 나를 보더니 웃어댄다.

아쉽게도 화살촉 줍기에 실패한 채 또꼬나오(Toconao) 마을에 도착했다. 사막의 오아시스 마을은 꽤나 분주할 거라고 생각했는데 무척이나 한적하다. 기념품을 사려는 관광객 밖에 안 보인다.

광산 개발을 위해 오아시스의 물을 끌어가면서 생긴 결과다. 오아시스 주변에 물이 부족해지자 농사짓는 게 어려워진 사람들은 큰 도시나 추끼까마타 광산으로 떠났고 지금은 400명 정도의 주민만 남아있다. 헤레스 계곡을 찾는 관광객들 때문에 그나마 많이 남아있는 편이란다. 아예 사라져버린 마을도 있다고 하니.

기분이 씁쓸하다. 개발이란 이름 아래 마을을 잃어야하고, 먹고 살기 위해 마을을 버려야만 했던 사람들의 쓸쓸한 뒷모습이 눈앞에 스친다.

오스딸로 돌아와 내일 여행을 준비한다. 카메라 배터리도 충전하고, 사진도 노트북으로 옮기고. 그런데, 갑자기 깜깜해지는 세상. 오스딸 종업원이 아따까마는 전력사정이 좋지 않다고 하더니 정전이 됐다.

전기가 없는 세상은 어떨까. 창문을 열고 하늘을 본다. 쏟아질 듯 무수한 별들, 하늘 가득 반짝이는 작은 보석들. 별자리 책에서나 보았던 황홀한 세상이 눈앞에 펼쳐져있다.

얼마만의 별빛세상인가. 중학교 2학년 때 보았던 산정호수의 밤하늘, 그리고 6년 전 멕시코 정글 한가운데에서 올려다봤던 밤하늘 이후로는 처음이다. 그동안 볼 수 없었을 뿐 은하수는 언제나 그 자리에 있었을 것이다. 이 아름다운 하늘을 혼자서만 봐야하는 것이 안타깝다. 어린 내 아이에게도 보여주고 싶다.

아들아, 하늘에는 저렇게 많은 별이 있어. 그런데 말이지, 전등이랑 가로등 같은 것들 때문에 별들이 너무 눈부셔서 그동안 숨어있었던 거야. 그래서 볼 수 없었던 거지. 사람들이 억지로 밝힌 빛이 없는 곳으로 가면 별들은 다시 나타날 거야.

새조차 날지 않는 '죽음의 계곡'

달과 죽음의 계곡

아따까마 사막은 많은 얼굴을 가지고 있다. 그 중에서도 생명과 죽음의 얼굴은 아따까마 사막을 대표하는 얼굴이다. 착사호수와 미스깐띠에서 생명의 얼굴을 보았고, 이제 죽음의 얼굴을 보기 위해 죽음의 계곡Valle de la muerte 문턱을 넘는다.

차에서 내리자 뜨거운 열기가 올라온다. 전 세계 육지의 10분의 1을 차지하는 사막, 그중 가장 건조한 땅에 선다. 사막을 덥고 메마른 곳이라고 정의한다면 이곳은 지구상에서 가장 완벽한 사막이다.

죽음의 계곡 깊은 곳을 향해 한 걸음씩 내딛는다. 모랫길을 걷는 것은 많은 인내를 요구한다. 모래 속으로 빠져드는 발 때문에 두 걸음을 걸어야 한 걸음을 나아간다. 아따까마가 죽음의 계곡에 들어가지 못하도록 나를 끌어당기는 것이거나, 조금 더 천천히 가야한다는 경고일 것이다.

발걸음을 뗄 때마다 입술이 타고 온몸이 바싹바싹 말라가는 기분이다. 구름 한 점 없는 하늘에서 내리쬐는 햇빛보다, 바람에 날려 오는 모래보다, 생명의 흔적이라고는 찾아볼 수 없는 풍경이 목을 타게 하고 가슴을 답답하게 한다. 소금과 온갖 독성물질이 섞인 착사호수에도 생명이 존재했건만 죽음의 계곡에서는 새조차 날지 않는다. 살아 움직이는 것은 사막을

지나는 여행자뿐이다.

이곳을 '죽음의 계곡'이라 이름 붙인 이는 누구일까. 아마도 그는 철학자이거나 예술가가 아니었을까. 죽음보다 이 사막에 잘 어울리는 단어는 없어 보인다. 사방을 둘러싼 작은 봉우리들은 마를대로 말라있어 불이라도 붙이면 활활 타오를 것 같다. 이런 풍경이 달의 계곡Valle de la luna까지 이어진다.

달의 계곡이라는 이름만 들어서는 아름다운 신전이라도 있을 것 같지만 사실은 그 반대다. 죽음의 계곡보다 더 메말라 있다. 달의 환경과 가장 비슷해 우주비행사들이 훈련을 받기도 했다는 곳이라더니, 인간이 살 수 없는 곳이라는 점이 닮았나 보다.

달의 계곡을 통과하는 여러 길 중에서 작은 동굴 길을 택한다. '달에는 동굴이 있을까' 하는 상상을 하며 달나라로 여행 온 기분도 내본다. 지독하게 좁은 동굴은 오리걸음으로 겨우 지날 정도로 좁다. S자로 굽은 길에서는 내 몸도 S자를 만들어야 한다. 차가운 벽을 더듬거리며 말 그대로 눈앞이 캄캄한 길을 지난다. 짧은 길이 어찌나 험난한지 간신히 동굴을 빠져나온 여행자들은 만세를 외친다.

동굴 밖에는 작은 흙기둥들이 언덕을 덮고 있다. 그것은 사막이 만들어놓은 작은 비석 같기도 하고 흙 계단이 끊임없이 이어져 있는 것처럼도 보인다. 비행기에서 내려다 본 안데스 산맥이나 멕시코와 페루에서 보았던 피라미드와도 흡사하다. 흙기둥마다 눈이 쌓인 듯 마른 소금이 덮여있다. 세상의 그 어떤 조각가라 해도 이런 척박한 느낌의 작품을 만들어내지 못

할 것이다.

이 소금 비석은 비와 해와 바람의 창조물이다. 몇 년, 몇십 년 만에 비가 내리면 그 비가 땅속으로 스며든다. 그리고 다시 몇 해 동안 태양이 내려쬐면 땅 밑의 물이 소금과 함께 올라와 굳는다. 시간은 황토색 사막에 하얀 소금 옷을 입히고, 바람은 흙기둥 사이를 헤치며 기이한 모양을 만든다. 수천 년의 인내로 만들어진 것이다.

오랜 시간과 기다림으로 만든 풍경은 계곡 곳곳에 숨겨져 있다. 물방울이 굳어 돌이 된 듯한 바위, 사람의 얼굴 모양을 하고 아따까마를 바라보는 모래산, 소낙비의 흔적이 그대로 남아있는 듯한 모양의 흙벽, 소금이 제멋대로 솟아 날카로운 산맥처럼 솟은 언덕. 자연이 만들어놓은 전시장을 지나는 기분이다. 방송에서 보았던 것을 하나하나 피부로 느끼며, 걸음을 옮길 때마다 자연보다 위대한 예술가는 없다고 중얼거린다.

계곡 안쪽에서 '우' 하는 바람소리가 들린다. 아따까마의 전설에 의하면 이곳에는 잉카 공주의 원혼이 깃들어 있다고 한다. 공주와 평민 출신의 병사가 사랑에 빠지자 왕은 병사를 전쟁터에 보내고 공주에게 죽었다고 거짓말을 했다. 공주는 슬펐지만 기다렸다. 왕은 병사가 돌아오지 못하도록 계속 다른 전쟁터로 보냈다. 기다림에 지친 공주는 병사의 죽음을 믿게 됐고, 이곳에서 목숨을 끊었다. 그 사실을 안 병사도 죽음을 택했다. 사랑을 이루지 못한 공주의 울음이 계곡을 떠도는 것이다.

'우' 하는 울음소리를 뒤로 하고 아따까마의 일몰을 보기 위해 언덕에 오른다. 날카로운 모래 능선에 바람이 일고, 사막 저편으로는 하얀 벌판이 펼쳐

진다. 죽음의 계곡, 달의 계곡에 갇혀 있는 사이에 눈이라도 내린 것 같다. 해가 기울고 황토색 능선은 검은빛으로 변한다. 태양은 사막의 뜨거움을 안고 마른 능선을 넘는다. 그 뜨거움은 어디선가 밀려온 커다란 구름으로 옮겨가더니, 이내 하늘까지 닿는다. 사막을 건너온 이들의 얼굴이 먼저 붉어지고 모래 언덕이 붉어지고 산과 흰 들판이 물든다. 온 세상이 붉게 탄다. 태양이 능선 너머로 완전히 사라지고 온 세상이 잿빛으로 변해갈수록 하늘은 붉은 장미보다 더 선연한 빛이 된다. 이제 남은 것은 그림자가 되어버린 세상과 붉게 타는 하늘뿐이다. 태양이 만들어내는 아따까마의 또 다른 얼굴이다.

남북으로 1,000킬로미터나 뻗어있는 아따까마 사막 가운데 난 아주 작은 일부분만을 보았다. 이 사막은 어느 곳에 생명을 허락하고 비와 바람과 태양은 어느 곳에 그들의 신비로운 힘을 허락했을까. 아따까마는 얼마나 다양한 얼굴을 가지고 있을까. 일상이 권태로워지고 숨겨진 세상을 향한 도전이 필요할 때, 자전거 하나 타고 이 사막을 건너보아도 좋을 것 같다.

아따까마 사막의 일몰

詩는 무기다

ARICA★

CALAMA★
SAN PEDRO DE ATACAMA★

사랑이여 건배하자, 추락하는 모든 것과
꽃피는 모든 것들을 위하여 건배
— 빠블로 네루다

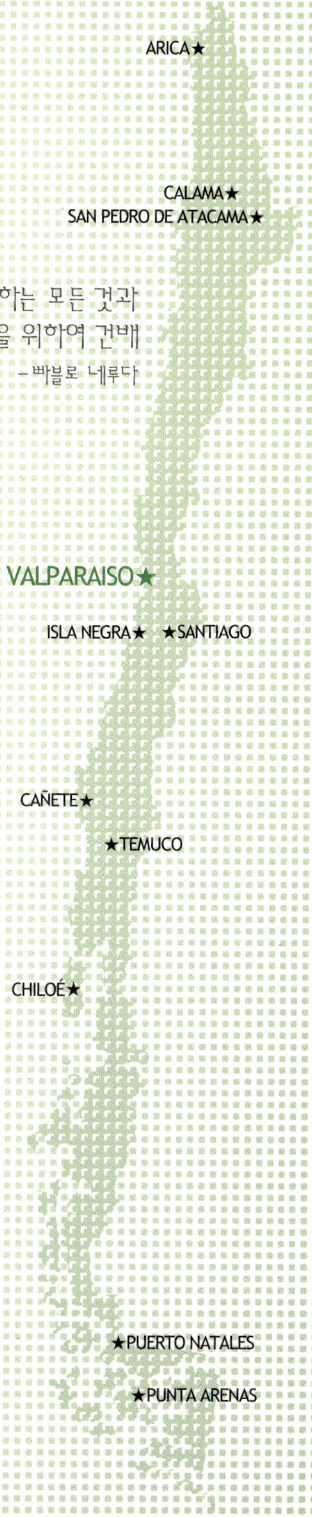

VALPARAISO★

ISLA NEGRA★ ★SANTIAGO

CAÑETE★

★TEMUCO

CHILOÉ★

★PUERTO NATALES

★PUNTA ARENAS

가난이 폭포수처럼 흐르던 곳

네루다가 그랬던 것처럼 '안데스라는 이름의 장벽이 가로막힌 산띠아고를 등진 버스'는 초록이 무성한 덤불과 삼나무 숲을 스치며 발빠라이소를 향한다. 한 시간 반을 달려 칠레의 민중시인 빠블로 네루다^{Pablo Neruda}가 사랑한 도시 발빠라이소^{Valparaiso}에 도착한다. 세계테마기행의 성석제 작가는 이곳에서 많은 감회를 느꼈을 것이다. 그가 "내 소설의 자양분을 얻었다"고 했던 말은 진정한 고백이자, 다른 많은 작가들의 심정이었을 것이다.
문학가가 아닌 나조차도 발빠라이소를 찾아왔다기보다는 네루다를 찾아 이곳까지 왔다. 도시가 주는 풍경은 덤이다.
'천국 같은 계곡'이란 뜻을 가진 발빠라이소의 마을은 바다를 향한 언덕에 모여 있다. 먼발치에서 본 언덕마을은 형형색색의 집들로 화려하다. 그러나 네루다는 이 산동네를 바라보며 가난이 폭포수처럼 흘러내리고 빈곤이 만발하다고 했다.
네루다가 보았던 그 바다를 보기 위해 전망대로 향한다. 분홍색, 노란색, 파란색 집들 사이로 난 미로 같은 골목을 지나 아쎈소르^{Ascensor} 정류장으로 간다. 땅 위로 가는 엘리베이터 같은 아쎈소르는 가파른 경사를 오르는 산동네 사람들의 발이다. 두 개의 아쎈소르는 하나의 줄로 연결되어 있어 하나가 내려가면 다른 하나는 올라가는 식이다.

서민들의 발 아쎈소르

덜컹하고 아쎈소르가 꿈틀거리더니 서서히 언덕을 오른다. 느린 속도지만 롤러코스터를 타는 것처럼 가슴이 두근거린다.

1883년에 만들어진 아쎈소르는 낡고 오래돼서 금방이라도 부서질 것 같다. 세계테마기행을 봤을 때는 거리의 악사가 아쎈소르를 타고 음악을 들려주더니만, 지금 보이는 것은 군데군데 뚫어진 바닥 틈으로 휙휙 지나가는 레일과 흙무더기뿐이다. 끼익하고 힘겹게 오르는 소리가 마음을 불안하게 한다. 빠른 것만 무서운 것은 아니다.

전망대에 서니 발빠라이소와 바다가 한눈에 들어온다. 네루다가 노래했던 그 바다. 네루다는 항구의 일출을 보며 "처음에는 짙은 황금빛이더니 이내 바닷가 오렌지나무로 변하고, 잎이 무성해지고, 그늘을 드리우고, 눈부신 열매를 주렁주렁 맺는다"고 노래했다.

언덕 위의 집들과 태평양 연안을 따라 솟아난 야자수, 항구의 크고 작은 배들, 그리고 이 모든 것들을 비추는 태양의 풍경이 네루다의 시상을 자극했을 것이다.

그러나 컨테이너가 쌓여 있고, 전함이 떠있는 항구에서는 그 시절의 낭만을 떠올리기가 쉽지 않다. 눈을 감고 상상해본다. 꽃망울처럼 화려한 색의 집들이 모여 있는 언덕 너머로 해가 떠오르며 도시와 바다를 조금씩 밝히는 새벽의 풍경을.

쎄바스띠아나에 있는 네루다 형상의 벤치

그를 마주보고
앉으면 그가 말을
걸어올 것 같은
착각에 빠진다

산동네 쎄바스띠아나

시인이자 외교관이었던 네루다가 스페인 영사로 있었던 1936년의 스페인은 정치적 혼란기였으며 거리는 피로 물들고 있었다. 네루다는 그해 절친한 친구이자 시인이었던 가르시아 로르까^{Garcia Lorca}가 내전의 희생양으로 처형당하는 것을 목격했다. 그리고 네루다는 정치적 인간으로 다시 태어났다. 고통스러운 피가 도시를 절망으로 빠뜨리고 자유가 수갑에 채워져 형장의 이슬로 사라지는 순간, 그의 삶은 변했다.

"세계는 변했고 나의 시도 변했다. 시구 위에 떨어지는 피 한 방울, 이제 그 속에서 나의 시 역시 숨 쉬게 될 것이다."

민중의 피로 써내려간 그의 시는 고통이었으며, 처절한 사랑이었다. 그는 공산주의자가 되었고 망명생활, 정치가로서의 삶, 또 다시 망명을 떠나야 하는 삶을 반복했다.

네루다가 다시 칠레로 돌아온 것은 1952년이다. 고향에 돌아온 네루다는 1961년 이곳 발빠라이소 언덕에 집을 짓고 쎄바스띠아나^{La Sevastiana}라고 이름 지었다. 쎄바스띠아나는 이 집을 지은 건축가 쎄바스띠안^{Sevastian}에서 따온 것이다. 쎄바스띠안은 이 집이 다 지어지기 전에 세상을 떠났고, 네루다는 그를 기리기 위해 이 집에 그의 이름을 붙였다.

쎄바스띠아나에 들어서자 넓은 마당 한쪽 벤치에 앉아있는 네루다 형상

발빠라이소 산동네의 쎄바스띠아나

이 보인다. 그림자의 윤곽만으로도 네루다의 얼굴이 떠오른다. 그의 옆에 앉아 상징과 은유에 대해 이야기 나눌 수 있을 것 같고, 그가 낮은 목소리로 자신의 시를 읊어줄 것 같다.

"그러니까 그 나이였다…. 시가 날 찾아왔다. 난 모른다, 어디서 왔는지, 겨울에서인지 강에서인지. 언제 어떻게 왔는지도 모른다…."

"Y fue a esa edad…. Llegó la poesía a buscarme. No sé, no sé de dónde salió, de invierno o río."

쎄바스띠아나는 넓은 마당을 가진 아담한 5층 집이다. 각 층은 넓지 않고 각기 다른 용도로 쓰였다. 구석구석에는 그의 손때 묻은 의자며 작은 수집품들이 가지런히 정리되어 있다. 위층으로 올라갈수록 방은 작아진다. 좁은 계단을 올라 식당이 있는 3층과 4층의 침실을 지나고 네루다의 서재가 있었던 5층으로 올라간다. 그의 언어가 눈물을 흘리고 그의 노래가 사랑과 절망의 마침표를 찍었던 곳.

색 바랜 나무책상을 보니, 이곳에 앉아 자유를 억압하는 온갖 이데올로기와 맞섰을 그의 뒷모습이 떠오른다. 사진을 찍을 수 없다 하니, 구석구석 놓인 책, 펜, 의자를 두 눈에 가득 담아본다. 그의 발자취를 가슴에 담고 그의 시를 되새김질해본다.

마당에 서니 그가 사랑했던 발빠라이소가 파노라마처럼 펼쳐진다. 그가 즐겨 마음속에 담았던 풍경. 크고 작은 색색의 상자를 쌓아놓은 것 같은 산동네. 바다와 나무, 사람들. 잔잔한 바람이 부는 듯 마는 듯 귓가를 스친다.

쎄바스띠아나 5층의 네루다 서재

바쁜 여행길

작은 정동진이 생각나는 기차역에서 두 칸짜리 기차를 타고 비냐델마르^{Viña} $^{del\,mar}$로 간다. 칠레의 아까뿔꼬로 불리는 비냐델마르는 산띠아고 사람들이 즐겨 찾는 휴양지다. 전망 좋은 언덕에는 고급 별장들이 보인다. 해안도로 아래로 파도가 밀려와 부서진다. 하늘에 잔뜩 낀 구름이 시야를 답답하게 하지만 바다는 시원하게 펼쳐진다.

발빠라이소 관광안내소 직원이 꼭 가보라고 했던 꽃시계$^{Reloj\,de\,Flores}$는 해안 옆에 있었다. 초록 잔디와 흰 장미, 붉은 꽃으로 장식된 꽃시계는 눈길을 끈다. 지난 9월 시 승격 134주년을 기념해 만든 것이니 두 달도 안 된 따끈한 시계다.

이슬라네그라$^{Isla\,Negra}$로 가기 위해 공용터미널로 왔건만, 이슬라네그라행 버스는 발빠라이소에만 있단다. 게다가 버스회사 직원은 이슬라네그라까지 한 시간 반 정도 걸린단다. 이게 무슨 뚱딴지같은 소리람. 관광안내소 직원에게, 그곳까지 한 시간이 채 안 걸린다는 것까지 확인하고 왔는데. 안 그래도 빠듯한 일정이 갑자기 더 바빠졌다.

머릿속에서 시계바늘이 바쁘게 돌아간다. 발빠라이소나 이슬라네그라에서 하루를 묵으면 다음 일정이 꼬이기 시작할 것이다. 이미 끊어놓은 비행기 표도 바꿔야하고 하루 일정을 줄여야 한다. 이슬라네그라의 박물관

발빠라이소와 비냐델마르를 오가는 기차

이 문 닫는 시간까지는 두 시간 반 정도 남았다. 발빠라이소로 가는 것이 급해 택시를 찾지만 꼴렉띠보만 오갈 뿐 택시가 보이지 않는다. 바쁜 마음보다 시계는 더 빨리 돌아간다.

다시 터미널로 돌아가 지하 주차장 옆에 있는 택시기사 사무실을 찾았다. 굳게 닫힌 문. 근처에 있던 터미널 직원이 택시를 불러주겠다며 밖으로 나가고 10여 분 뒤에야 택시가 들어온다.

택시가 발빠라이소로 향하지만 아무래도 시간 맞추기가 힘들 것 같다. 이미 30분 정도를 허비한 터였다. 결국 택시기사와 협상 끝에 이슬라네그라까지 38,000페소에 가기로 합의한다. 3일치 숙박비, 맛있는 열 끼 식사가 한꺼번에 날아가버린다.

택시가 고속도로에 들어서고 칠레의 시골풍경이 빠른 속도로 지난다. 기사아저씨도 나도 마음이 급하다. 좀처럼 과속을 안 하는 칠레의 운전문화지만, 택시는 꾸준히 시속 120킬로미터 이상으로 달리고 있다.

이슬라네그라를 알리는 이정표가 보이고, 국도로 접어들어서야 안도의 한숨을 내쉰다. 그제야 시골 풍경이 눈에 들어온다. 넓게 펼쳐진 포도밭이 내가 칠레에 있다는 것을 다시 한번 상기시켜준다. 기사에게 부탁해 차를 세우고 포도밭 사진을 열심히 찍는다. 보랏빛 포도가 주렁주렁 달린 포도밭이면 좋으련만, 내 뜻대로 되지 않는다. 인간이 자연의 시간에 맞춰 즐길 수밖에.

네루다의 검은 섬

포도밭에서 10여 분을 더 가자 이슬라네그라가 나온다. 바다를 사랑했던 네루다가 자신의 삶 동안, 그리고 죽음 후에도 영원히 살기를 원했던 곳이다. 통나무로 만든 담장이 네루다의 집까지 안내한다. 담장에는 이곳을 찾은 이, 네루다를 회상하는 이들의 글이 남아있다.

"빠블로 네루다, 바다 건너에서 당신을 기억합니다, 마치 우리들의 시인인 것처럼."

네루다를 찾아온 이들의 흔적을 따라 걷는다. 풍경이 울리는 작은 광장 너머로 네루다의 집이 보인다. 발빠라이소의 쎄바스띠아나와 산띠아고에도 집이 있었지만, 네루다는 말년의 대부분을 이곳에서 보냈다. 그의 시는 이슬라네그라의 바람 속에서 태어났다.

작은 박물관 같은 네루다의 집에 들어선다. 대단한 수집광이었던 네루다는 여러 나라의 조각과 동상, 뱃머리 장식, 모형 배, 그릇, 그림 등 다양한 예술품을 모았다. 첫 번째 전시실, 거실이었던 이곳에는 중세시대의 체취가 나는 조각들이 있다. 식당과 응접실, 바에도 그의 수집품이 빼곡하다. 네루다가 가장 많이 수집한 것은 병 속에 들어있는 작은 배들이다. 바다를 사랑해서일까, 저 배를 타고 바다 어디에라도 가고 싶었던 것일까.

이곳을 방문한 사람들이 볼 수 있는 방은 모두 10개다. 각 방마다 다른 색

깔, 다른 수집품이 있다. 박물관에서 보기 어려운 것들도 네루다는 그의 집 한구석에 가져다 놓았다. 몰래 사진 한 장이라도 담아가면 좋으련만, 가이드의 삼엄한 눈초리에 끝내 기회를 얻지 못한다.

마당으로 나오니 검고 붉은 기차가 바다를 향해 달릴 채비를 하고 있다. 거대한 석궁은 독재자가 있던 산띠아고를 향하고 마당 한쪽의 통나무별에는 푸른 종이 달려있다. 작은 바람에도 무거운 소리를 내며 울어댈 것 같다.

별 아래, 종의 울림 아래는 갯바위 해변이다. 이곳이 검은 섬$^{Isla\ Negra}$으로 불리는 것은 저 검은 갯바위 때문이리라. 네루다가 그의 저서 '우편배달부'에서 노래한 '푸른 표범 일곱 마리, 푸른 개 일곱 마리, 푸른 바다 일곱 개가 일곱 개 혀로 바위섬을 훑고 입 맞추고 적시고 가슴을 두드리는 바다'가 이곳의 정원이다.

네루다가 그토록 사랑했던 바다 한 편에서는 사랑하는 연인이 입을 맞추고, 엄마가 아이의 손을 잡고 바위를 건너며, 노부부가 어깨를 감싸안고 바다를 바라본다. 네루다의 사랑이 검은 바위 틈마다 피어 사람들의 가슴으로 스며든다.

1971년 노벨상을 수상한 네루다는 아옌데의 친구이자 동지였다. 1973년 삐노체트 군부가 쿠데타를 일으키며 민중의 낙원을 점령할 때, 네루다는 병상에 누워 아옌데의 절규를 들었을 것이다. 그와 함께 독재와 싸웠던, 민중의 세상을 외쳤던 아옌데의 외침이 군부의 폭탄 너머로 사라지면서 네루다의 병은 더욱 악화되었다. 1973년 9월 23일, 착취 받는 농민, 자유

를 잃은 노동자를 위해 항거했던 민중시인 네루다는 세상을 떠났다. 대통령궁에서 마지막 연설을 한 아옌데가 사망한지 2주 만이다.

약자의 편에서, 언어와 시를 무기로 싸웠던 네루다. 그의 심장이 멎어버릴 만큼. 어쩌면 산띠아고의 대통령궁에 전투기가 뜨고 폭탄이 떨어지는 순간, 칠레 민주주의의 심장에 총알이 박히는 순간 그의 심장은 이미 멈춰버렸는지도 모른다.

칠레를 사랑하는 모든 이들은 그의 죽음 앞에 뜨거운 눈물을 흘렸고, 무릎을 꿇고 피멍 든 가슴을 두드렸다. 칠레 민중은 보랏빛 멍울 안에 그의 시를 묻었다. 칠레 민중의 가슴속에 네루다는 여전히 살아있다. 시와 사랑으로서 네루다는 칠레의 일부가 되었다.

> 그리고 나, 티끌만한 존재는,
> 신비를 닮은, 신비의
> 형상을 한,
> 별이 가득 뿌려진
> 거대한 허공에 취해
> 내 자신이 심연의
> 순수한 일부임을 느꼈다.
> 나는 별들과 함께 떠돌았고,
> 내 가슴은 바람 속에서 멋대로 날뛰었다.
> — '시 La Poesía' 중에서

마뿌체의 잃어버린 영혼

ARICA★

CALAMA★
SAN PEDRO DE ATACAMA★

라틴아메리카 역사의
가장 위대한 전사, 마뿌체족

VALPARAISO★

ISLA NEGRA★ ★SANTIAGO

CAÑETE★
★TEMUCO

CHILOÉ★

★PUERTO NATALES

★PUNTA ARENAS

라틴의 전사, 마뿌체

마뿌체Mapuche족을 찾아 네루다의 고향이기도 한 떼무꼬TEMUCO로 간다. 마뿌체족을 만나는 것은 내게 큰 의미다. 라틴아메리카의 역사를 공부하며, 수만 명의 원주민이 수백의 스페인 군대를 이기지 못한 것은 항상 의문으로 남았다.

그러다 세계테마기행에서 칠레의 마뿌체족을 보았다. 라틴아메리카 역사를 통틀어 유일하게 스페인 정복자를 물리친 민족이었다. 정복자에게 정복되지 않은 민족이 있다는 것은 새로운 발견이었다.

마뿌체족이 스페인 정복자와 치른 전쟁의 역사는 1541년으로 거슬러 올라간다. 스페인 정복자 뻬드로 데 발디비아Pedro de Valdivia는 칠레의 산띠아고를 점령하고 방대한 영토에 요새와 도시를 건설하고 있었다. 그와 동시에 마뿌체족도 조심스럽게 발디비아에 대한 공세를 준비하고 있었다. 마침내 1553년, 스무 살의 마뿌체 청년 라우따로Lautaro가 선봉에 선 원주민 군대는 정복자의 뚜까뻴Tucapel 요새를 함락시켰다. 이후 발디비아는 요새를 되찾기 위해 재공격에 나섰지만 또 다시 패했다.

정복자와 마뿌체족과의 전쟁은 몇 년 동안 계속 이어졌다. 스페인 군대는 자신의 땅을 지키기 위해 목숨을 걸고 싸우는 마뿌체족을 가장 두려워했다. 스페인 군대가 칠레 영토의 대부분을 정복했지만, 마뿌체족이 저항하

산띠아고 산타루시아 언덕에 있는 마뿌체 동상

는 중부지역에서는 끊임없는 전투가 벌어졌다. 1598년에는 뻴란따로^{Pelantaro} 추장이 이끄는 군대가 로욜라^{Loyola} 총독의 스페인군을 전멸시켰다. 원주민의 저항이 중부를 넘어 칠레 남부지역까지 확대되자 스페인은 칠레 중부지역에 대한 정복활동을 포기했다.

17세기 들어 스페인의 마뿌체족 정벌이 다시 시작됐다. 마뿌체족은 승리와 패배를 거듭하며 침략자의 야욕에 맞섰다. 그리고 1641년, 드디어 스페인과 평화협정을 맺고 원주민의 자치권을 얻어냈다. 이후에도 밀고 당기는 싸움이 계속되면서 마뿌체족의 영토는 조금씩 달라졌지만 칠레 중부의 아라우까니아^{Araucania} 지역은 마뿌체족의 독립된 땅이 되었다.

정복자의 언어로 쓰인 역사서에 '침략'이라는 단어 대신, '발견'이라고 말하는 사람들의 눈에 비친 마뿌체족은 저항세력, 칠레의 근대화를 가로막았던 무지몽매한 사람들로 평가된다. 스페인 식민지 300년 동안 정복자와 정복된 자의 경계가 사라지고, 정복당하지 않으려는 마뿌체족은 칠레와 융화되지 못하는 외톨이로 전락했다.

승리자로서의 마뿌체, 라틴의 전사 마뿌체, 칠레의 본 주인인 마뿌체족은 어떻게 살아가고 있을까. 보이지는 않지만 차창 너머 어딘가에 있을 그들의 모습에 기대와 불안이 교차한다.

까녜떼에 있는 마뿌체 박물관

산띠아고 산따루시아 언덕에 있는 스페인 요새

멀고 먼 까녜떼

심야버스에 쪼그라들었던 몸을 이리저리 펴며 터미널을 나선다. 가는 비가 내린다. 건너편 전나무 숲은 물기를 잔뜩 머금고 있다. 터미널 앞 포장마차에서 커피 한 잔을 마시며 으슬으슬한 몸을 녹여본다.
아홉 시간을 달려 떼무꼬에 왔지만 마뿌체족을 만날 수 있는 까녜떼Cañete로 가기 위해서는 다시 버스를 갈아타야 한다. 부슬비를 맞으며 까녜떼행 버스를 운행하는 나르부스Narbus 버스회사 터미널로 간다. 돈 주고 고생을 사서 하는 것이 여행이라더니, 틀린 게 하나도 없다. 옷에서 빗방울이 뚝뚝 떨어진다.

까녜떼로 가는 낡은 버스는 느리게 달려 나간다. 불편한 좌석 때문에 벌써부터 엉덩이가 배겨온다. 얼마 지나지 않아 시골 마을의 풍경은 안중에 들어오지 않는다. 버스는 정거장마다 정차하고, 마을마다 들어가 승객을 태우고 나온다. 이렇게 네 시간을 갈 생각을 하니 눈앞이 캄캄하다.
몇 번이나 몸을 꿈틀거리며 자세를 고쳐보지만 아픈 부위만 달라질 뿐이다. 애써 창밖의 풍경을 즐기며 고통을 잊어보려 하지만, 몸이 맘 같지 않다. 아파하는 것에도 지칠 무렵, 마침내 까녜떼 터미널로 들어선다. 안도의 한숨. 버텨준 엉덩이가 고맙다.

스페인 침략자와 마뿌체족의 격전지였던 까녜떼까지 왔지만 앞길이 막막하다. 아는 것이라고는 EBS 세계테마기행에서 보았던 마뿌체족에 대한 역사적 지식과 에스뗄라^{Estela}라는 이름의 마뿌체족 뿐이다.

우선 어깨를 혹사시키는 무거운 배낭부터 내려놓는다. 지나온 도시가 늘어날수록 배낭의 무게도 더해지고 있는 터였다. 호텔을 찾아 아르마스 광장으로 향하는 거리를 따라간다. 서로 마주보고 있는 두 개의 호텔. 어디로 들어갈까 잠시 고민한다. 까녜떼의 마뿌체족에 대한 정보가 전무한 터라 호텔에서부터 여행을 시작해야 할 판이다.

조금은 고급스러운 분위기의 호텔을 포기하고, 서민의 냄새가 풍기는 알론소데에르씨야$^{Alonso\ de\ Ercilla}$ 호텔로 들어간다. 인상 좋게 생긴 로사나^{Rosana} 아줌마가 '올라' 하고 반갑게 인사한다.

가방을 방에 던져놓고 로사나와 상담을 시작한다. 마뿌체족을 찾아왔는데 어디 가야 만날 수 있느냐, 그들은 어디에 사느냐, 에스뗄라를 아느냐 등등. 하지만 까녜떼에는 마뿌체족이 없다, 그리고 마뿌체족이 사는 마을에는 들어갈 수 없다는 그녀의 대답. 큰일이다. 이젠 떼무꼬로 돌아가는 버스도 없는데.

절망해하는 내가 안타까운지 로사나는 호텔도 비워둔 채 나를 데리고 어디론가 향한다. 우리가 함께 간 곳은 경찰서. 로사나는 경찰에게 내가 마뿌체 마을에 가기를 원하는데 도와줄 수 있느냐고 묻는다. 하지만 경찰은 마뿌체족이 시위를 하고 있고, 마을의 출입을 막고 있기 때문에 위험해서 절대 갈 수 없다고 한다. 게다가 지방선거를 하루 앞둔 날이라 인원이 부

'잃어버린 영혼'이란 뜻의 라날우예 호수

족해 도와주기도 어렵단다. 까네떼까지 와서 발이 묶여버린다.

호텔로 돌아와 이러지도 저러지도 못하고 있는 사이, 로사나가 여기저기 전화를 한다. 한참 뒤 로사나는 방송국 기자의 도움을 얻어낸다. 내일 지방선거 취재차 이곳에 오는 기자를 따라가면 마뿌체족을 만날 수 있을 것이라고 한다.

로사나는 또 자기 딸이 와서 마뿌체 유적을 안내해줄 것이란다. 이렇게 고마울 수가, 횡재한 기분이다. 로사나에게 "그라시아스, 무치씨마 그라시아스 Gracias, muchicima gracias"라며 감사의 인사를 건넨다.

폐허가 된 승리

잠시 후 호텔로 찾아온 로사나의 딸 까띠 Cati 와 거리로 나선다. 마음의 안정을 찾고 나니 그제야 까네떼의 사람들이 보인다. 바쁘게 오가는 차들 사이에서 저글링 묘기를 펼치는 젊은이들. 세계테마기행에서 보았던 길 위의 예술가들이다. 성석제 작가는 이들의 모습에 의아해했지만, 멕시코에 살면서 나는 자주 보았던 라틴의 한 장면이다.

이들은 신호가 바뀔 때마다 도로 한가운데로 나가 봉을 던지며 묘기를 보여준다. 봉을 자주 떨어뜨리는 어설픈 모습이 연습생 정도의 수준이지만

저글링 묘기를 펼치는 거리의 예술가

꽤나 열심이다. 차가 있건 없건 반복되는 동작이 거의 기계적으로 보일 정도다. 그렇다고 '수금'에 열중하지도 않는다. 주면 받고 아니면 말고. 사람들 앞에 나서 자신의 실력을 보여주는 것, 그 자체만으로도 즐거운 모습이다.

선거를 하루 앞둔 날이라 그런지, 아니면 주말이라 그런지 대부분의 상점 문이 닫혀있고 거리는 한산하다. 까삐는 오가는 사람들과 자주 인사를 나눈다. 작은 마을이라 아는 사람도 많다. 거리에서 만난 그의 친구가 일행으로 합류한다.

크지 않은 마을 변두리에 이르자 돌로 지어진 요새가 나온다. 16세기에 지어진 스페인의 요새이지만, 안내판도 없고, 길 한가운데 덩그러니 있는 것이 누가 일러주지 않으면 그냥 지나치고 말 것 같다. 안으로 들어가는 문도 굳게 닫혀있다.

요새 앞으로 난 길을 따라 마을 끝에 이른다. 덤불이 무성한 가운데 시커먼 대포 한두 대만이 이곳이 전쟁의 현장이었음을 말해준다. 언덕 위로 길게 늘어선 나무 벽은 1557년 세워진 발디비아 군대의 요새 푸에르떼 뚜까뺄Fuerte Tucapel이다. 언덕에 서니 강 너머 마을이 훤히 보인다.

강 건너의 마뿌체족은 나무 몽둥이와 보잘것없는 무기를 들고, 화약과 철제무기로 무장한 스페인 군대를 향해 달렸으리라. 원주민들을 놓고 그들이 정말 자신들과 같은 인간일까 하고 의심하며 토론까지 벌였던 침략자들. 그들은 대자연과 함께 문명을 이룩한 원주민들에게 무릎을 꿇었다.

그러나 이곳이 마뿌체족의 승리를 기억할만한 장소라고 여기기에는 모든 것이 초라하다. 요새 벽 너머에 있는 초소는 금방이라도 무너져 내릴 것처럼 허름하고, 지붕은 다 사라져 뼈대만 남았다. 나무기둥도 시커멓게 썩어가고 있다.

오랜 세월 사람의 흔적이 닿지 않은 원두막 같다. 녹슨 자물쇠가 채워진 문 너머에는 보수를 하다 만 것인지, 누군가 버려놓은 것인지 모를 널빤지가 여기저기 흩어져있다. 길가에 있는 높은 망루도 버려진 채다. 다 헐어버린 지붕 아래에선 비를 피하기도 어렵겠다. 망루 지붕 옆으로 전선들이 어지럽게 지나간다.

450년 전의 유적이 이렇게 방치될 수 있다니. 칠레 역사, 라틴아메리카 원주민 역사에서 이보다 중요한 곳이 없을 텐데, 지금은 시골마을의 작은 공원보다 못한 상태다. 많은 도시에 번듯하게 세워진 전쟁기념관이 떠올라 이것을 어떻게 받아들여야 할지 의아하다.

스페인의 흔적을 지우고 싶었던 것일까. 뚜까뺄 요새는 그들의 정복전쟁 중 가장 치욕스러운 장소였으니까. 마뿌체족 역시 잊고 싶은 기억인지도 모른다. 100년이 넘는 시간동안 치른 전쟁에서 25만 명이 넘는 형제를 잃었으니. 폐허가 되어버린 요새를 보고 있자니 무엇인가 빼앗긴듯 억울한 기분이다.

마지막 마뿌체 할머니

드디어 마뿌체족을 만나러 간다. 성석제 작가가 EBS와 함께 마뿌체족을 만났던 것처럼, 나 역시 꼰셉씨온^{Concepción} 시와 떼무꼬시의 지역방송국인 비오비오$^{Radio\ Bióbió\ Canal\ Regional}$와 함께 떠난다. 카메라맨인 쎄르히오^{Sergio}와 기자인 에쎄또르^{Hesetor}가 오늘 함께할 동지다. 현지 기자와의 동행이니 아마 배낭여행객으로서는 금지된 곳도 가볼 수 있으리라. 게다가 승용차를 타고 편하게 가는 여행이니 무엇을 더 바라겠는가.

방송용 카메라를 한쪽으로 치우고 뒷좌석에 몸을 기댄다. 버스에선 보지 못했던 장면들이 눈에 들어온다. 차는 반듯하게 자란 나무들이 만들어놓은 숲을 지나고 목초가 잘 자란 언덕을 넘는다. 우리네 시골풍경과 닮아 있다. 쎄르히오가 내게 사진을 찍으라며 커다란 쟤우쟤우 호수$^{Lago\ Lleulleu}$ 언덕에 차를 세운다.

마뿌체족은 이 호수 주변에 작은 마을을 이루고 산다고 한다. 호수 건너편 마을이 마뿌체의 마을이리라. 당장이라도 찾아가고 싶은 마음이지만, 기자들이 고개를 절레절레 흔든다. 자료화면으로 마뿌체 마을 입구를 촬영하려다 마을을 지키던 사람들에게 된통 혼이 난 터다. 아무래도 방송의 힘을 빌어 마뿌체족의 마을에 들어가기는 어려울 것 같다.

마뿌체족이 시위를 벌이고 마을의 출입을 막은 이유는, 토지와 복지문제

쎌린다 할머니와 알레르띠나 할머니

때문이다. 마뿌체라는 말의 의미가 '땅의 사람'일만큼 마뿌체족은 땅에 대한 애착이 강한 민족이다. 그런 마뿌체족이 소작농으로 전락하면서 삶은 빈곤해졌고 복지문제도 엉망이 되었다. 정부는 관광산업을 활성화시켜 이들을 돕겠다고 하지만, 마뿌체족은 그닥 달가워하지 않는다. 누가 건드리지 않으면 평화롭게 사는 사람들이지만, 이번만큼은 화가 단단히 난 모양이다. 방송국 기자조차 쫓아낼 정도니.

그래서 오늘 선거에 출마한 시장후보들은 너나 할 것 없이 마뿌체족의 권리와 복지문제, 토지문제를 개선해주겠노라고 말한다. 쎄르히오와 에쎄또르도 마뿌체족의 선택이 당선자를 가를 수 있다는 생각에 이 시골마을까지 취재를 온 것이다.

까녜떼를 출발한 지 한 시간이 지나서야 띠루아^{Tirua}에 도착한다. 투표소 주변은 각지에서 온 사람들로 북적인다. 투표를 끝낸 사람들은 투표장 주변에 모여 이야기를 나눈다. 흩어져서 살다 보니, 이런 날이 아니면 모이기 힘든 사람들이다. 여자들은 볼키스를 하고, 남자들은 악수하며 안부를 묻는다.

쎄르히오가 마뿌체 할머니와 인터뷰를 끝내고 나에게 소개해준다. 초께^{Choque}에서 온 쎌린다$^{Celinda\ Caloman}$ 할머니와 알레르띠나^{Alertina} 할머니다. '올라'하며 인사를 하고 이야기를 나눈다. 동양인이 스페인어로 '어쩌고저쩌고' 하니 낯선 듯 재밌어한다.

마뿌체족의 전통의상이 아름답다며 운을 떼자 할머니들은 이제 젊은 사람들은 더 이상 이런 옷을 입지 않는다며 서글픈 표정이다.

칠레인조차 유럽인의 피가 섞인 이방인으로 여기며, 종족에 대한 대단한 자부심을 갖고 있는 마뿌체족이건만 젊은 사람들은 도시로 떠나고 노인들만이 마뿌체족으로 살아가고 있는 것이다.

아쉽게도 할머니와의 대화는 길게 이어지지 못한다. 그녀를 찾아와 인사를 건네는 사람이 많아 대화가 끊기기도 하지만, 할머니의 대답이 너무 간단해 이야기를 이어가기 어려웠다.

"마뿌체족은 주로 어떤 일을 하나요?"라고 물으면 할머니는 "농사"라는 명사형으로 답하고, "전통의술이 있다던데 어떤 건가요?"라고 물으면 "전통의술"이라고 말할 뿐 자세히 설명해주지 않는다.

나의 스페인어 실력도 부족하고, 할머니의 스페인어 실력도 완벽하지는 않은 것 같다. 마뿌체족 가운데는 스페인어를 전혀 못하는 사람도 있다고 하니 말이다.

할머니들과 이야기하며, 에스뗄라가 초께에 산다는 것을 확인하고 그곳에 가보려 했지만, 끝내 허락을 받지 못했다. 쎄르히오가 소개해 준 두 명의 마뿌체 족장도 마을 사람들 챙기기에 바쁘다. 내가 원하던 바를 얻지 못한 것을 눈치 챈 쎄르히오가 나를 데리고 투표장 안으로 들어간다. 투표를 하기 위해 줄 서 있는 사람들 중에는 마뿌체족도 있으니 사진이라도 찍으라는 것이다. 쎄르히오에게 "그라시아스 ^{Gracias}"라고 말하지만 좀처럼 허전한 마음이 채워지지 않는다.

거리에는 전통복장을 입은 마뿌체족 할머니들이 딸의 손에 몸을 의지하고, 손자의 손을 붙잡고 지나간다. 마치 그들이 마뿌체족의 마지막 세대인 것처럼 보인다.

결국 마뿌체족 마을을 찾아갈 기회를 얻지 못한 채 까녜떼로 돌아왔다. 까녜떼의 아르마스 광장은 투표를 마치고 나들이를 즐기는 사람들로 가득하다. 그 가운데 멋진 옷을 입은 마뿌체 할머니를 보곤 살금살금 따라간다. 오늘 만난 마뿌체 할머니 중 제일 멋진 옷을 입고 있다. 사진을 찍으면 그 영혼이 빠져나간다고 생각하기 때문에 대놓고 사진을 찍기는 어렵고, 많은 인파들 때문에 좀처럼 카메라에 잡히지 않는다. 결국 할머니에게 사진 한 장만 찍자고 부탁해보지만 단박에 거절하는 할머니. 몇 번을 다시 부탁한 끝에 겨우 몇 장의 사진을 얻는데 성공한다.

마뿌체족을 다시 만난 것은 산띠아고의 모네다궁 박물관$^{\text{Centro Cultural Palacio de la Moneda}}$에서다. 이곳에는 마뿌체족 뿐 아니라 아이마라족^{Aymara}, 삐꾼체족^{Picunche} 등 칠레 원주민을 주제로 한 예술품이 전시되어 있다. 무심결에 찾은 박물관이지만 박제된 흔적이나마 마뿌체족을 만날 수 있는 것이 기쁘다.

홀에는 손재주가 뛰어나기로 유명한 마뿌체족의 수공예품이 전시되어 있다. 칠레를 상징하는 은세공품은 마뿌체족의 손에서 탄생했다. 그들이 입는 옷가지 역시 섬세하고 아름다운 문양으로 수놓아져 있다. 그들의 빼어난 솜씨가 산골짝 외딴 마을에 갇혀있는 것이 안타깝다.

다른 전시실에 들어서자 원주민을 주제로 한 유명 작가의 예술품이 전시되어 있다. 형이상학적으로 표현된 원주민들의 모습이 살아있는 존재가 아니라, 추억속으로 사라져버린 동경의 대상처럼 느껴진다. 그래도 누군

마뿌체족을 형상화한 조각상

가 이 땅의 원주민, 마뿌체족을 기억하고 예술세계를 통해 그들을 기리고자 했다는 사실이 반갑다.

며칠간의 여정동안, 세계테마기행에서 보았던 마뿌체족의 전통문화와 삶은 볼 수 없었다. 그러나 칠레의 이방인이 되어, 마뿌체족이기를 포기하지 않고서는 이 사회와 융합할 수 없는 그들의 슬픈 운명을 어렴풋이나마 느낄 수 있었다.

이 땅의 진정한 주인이 설 자리를 잃어가는 현실이 서글프다. 띠루아에서 까녜떼로 돌아가는 길에 보았던 라날우에 호수$^{Lago\ Lanalhue}$가 떠오른다. '잃어버린 영혼'이라는 뜻의 라날우에. 사진이 영혼을 뺏어간다고 믿었던 것은 너무 앞질러간 문명에 대한 두려움이 아니었을까.

칠레의 독일, 칠로에 섬

ARICA★

CALAMA★
SAN PEDRO DE ATACAMA★

사랑하는 땅 칠로에여, 끝 없는 들과 해변,
그래서 네 구름은 행복한 미래를 예견하며 너를 덮는다

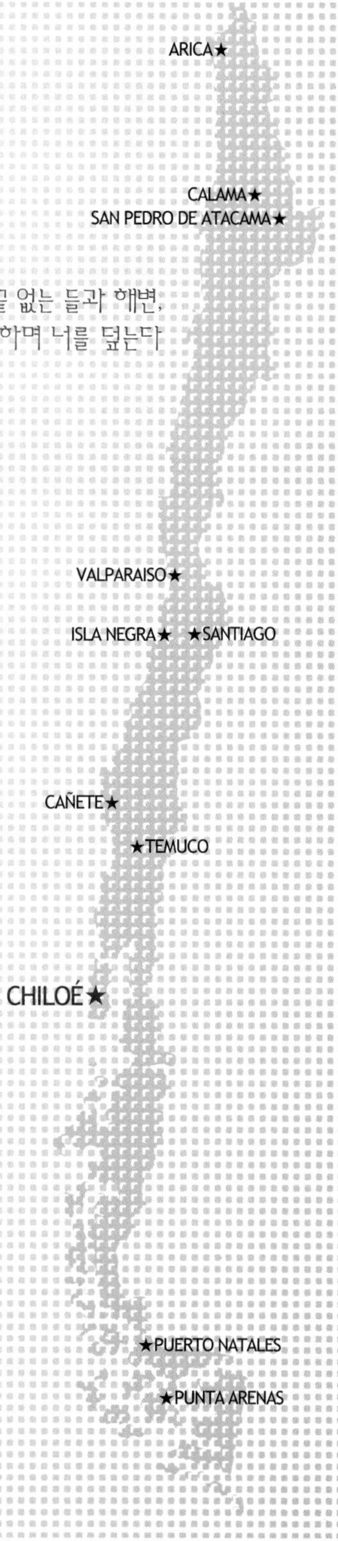

VALPARAISO★

ISLA NEGRA★ ★SANTIAGO

CAÑETE★

★TEMUCO

CHILOÉ★

★PUERTO NATALES

★PUNTA ARENAS

나무 세상 까스뜨로

뿌에르또 몬뜨$^{Puerto\ Montt}$ 터미널을 떠나 항구에 도착한 버스는 승객을 태운 채 배에 오른다. 구름이 잔뜩 낀 하늘은 금방이라도 비를 쏟을 듯하고 차까오 해협$^{Canal\ de\ Chacao}$은 잿빛을 띠며 넘실댄다. 눅눅한 바람이 제법 쌀쌀하다. 제주도의 네 배 정도 크기인 칠로에 섬$^{Isla\ Chiloé}$이 저만치 보인다. EBS 세계테마기행에서 보았던 칠로에 섬은 모니카라는 이름의 가족이야기였다. 성석제 작가는 모니카 가족과 전통음식인 꾸란토^{Curanto}를 함께 요리해 먹었다. 배낭족인 내가 그런 행운을 얻기는 어려울 것이고, 좋은 사람을 만나 즐거운 이야기라도 나누면 좋겠다.

전설에 의하면 갈매기가 많은 땅이라는 뜻의 칠로에 섬은 원래 육지였단다. 대지의 여신인 뗀뗀빌루$^{Ten\ Ten\ Vilu}$와 물의 여신인 꼬이꼬이빌루$^{Coi\ Coi\ Vilu}$ 사이에 싸움이 벌어지면서 대륙으로부터 떨어져 나오게 되었다고 한다.

칠로에 섬의 주인은 초노족^{Chono}이었지만, 나중에 마뿌체족이 들어와 함께 어울려 살았다. 그러다 1852년 칠레 정부가 독일 이민자들을 뿌에르또 몬뜨로 불러들이고, 1인당 1헥타르가 넘는 땅을 나눠줬다. 마뿌체족의 영향력을 약화시키기 위한 정책이었다. 1880년에 이 정책은 중지됐지만, 독일 이민자들은 칠로에 섬까지 그들의 영토를 확장시켰다. 그 영향으로 칠로에 섬에는 초노족, 마뿌체족, 칠레인, 독일 이민자의 문화가 혼재하게 되

까스뜨로 대성당

었다. 세계테마기행에서 칠로에 섬을 마뿌체족의 터전이라고 했던 것은 17세기에 정복자들이 가져온 전염병 때문에 초노족이 사라지고 마뿌체족만 살아남았기 때문일 것이다.

칠로에 섬의 중심인 까스뜨로^{Castro}에서 내려 아르마스 광장으로 향한다. 한적한 광장, 수업을 끝낸 학생들의 깔깔거리는 소리만 들린다. 광장 옆에는 19세기 후반에 지어진 까스뜨로 대성당$^{Catedral\ de\ Castro}$이 은은한 색을 띠고 있다. 못 하나 쓰지 않고 나무만으로 지어진 성당으로, 칠로에 섬에 있는 대부분의 성당이 비슷한 양식으로 지어졌다. 이런 독특한 구조와 역사 때문에 칠로에 섬에 있는 성당 중 16곳이 유네스코 세계문화유산에 등록되어 있다.

벤치에 앉아 칠로에의 햇살을 즐기는데 갈색머리에 더부룩한 수염을 기른 남자가 말을 붙인다. 마우리시오 헤예르$^{Mauricio\ Heyer}$란 이름의 남자는 칠레에 대한 나의 소감이 궁금했던 모양이다. 어디를 갔느냐, 칠레 사람은 어떠냐며 질문을 해댄다. 하지만 좀처럼 그의 말을 알아들을 수가 없다. 스페인어 같기도 하고, 다른 나라의 말 같기도 하고. 그에게 "아블라메 데스빠시오$^{Hablame\ despacio}$"라고 천천히 말해달라고 부탁하자, 자기 아버지가 독일 사람이라 칠레 사람들과 발음이 다르다며 조금 느린 톤으로 말한다.

알아듣기 어려운 발음이었지만 마우리시오는 칠레의 위험한 곳과 좋은 곳을 세세히 알려준다. 카메라를 주의하고, 어려움이 생기면 경찰을 찾아가라는 것도. 마우리시오는 자신의 이메일을 알려주며 문제가 생기면 연락하란다. 상당한 호의에도 불구하고 좀처럼 귀에 들어오지 않는 그의 발

형형색색의 나무마을 까스뜨로

음을 듣다보니 신경이 날카로워진다.

마우리시오와 헤어져 까스뜨로 거리로 나서니 온통 나무 세상이다. 관공서며 집, 공중전화박스까지 나무로 만들어졌다. 물고기 비늘처럼 생긴 나무 조각으로 집을 만들었는가 하면 나뭇잎 모양의 나무를 다닥다닥 붙여놓은 집도 있다. 독일식풍의 집들이다. 나무 색마저 바래버린 집에는 세월의 흔적이 고스란히 배어있다. 어떤 집은 사람이 살고 있다는 사실이 신기할 정도로 오래되었다. 그나마 잘 썩지 않는 알레르쎄^{Alerce}라는 나무로 지어져 세월의 무게를 이겨낸 탓이다.

색 바랜 비늘집 앞에서 개구쟁이들의 장난이 한창이다. 카메라를 보더니 천진스런 아이들의 움직임이 더 커진다. 잔디밭을 이리저리 뒹굴며 발차기에 쓰러지고 일어나 다시 반격한다. 결투놀이라도 하는 모양이다. 남자 아이 셋이 모였으니 결투놀이가 제일 재밌을 것이다.

아이들의 기합소리를 뒤로하고 해안도로를 향해 걷는다. 봄을 알리는 꽃, 노란 차까이^{Chacay}가 언덕 가득 피었다. 개나리가 만발한 것 같다. 길이 굽이진 언덕에 오르니 바다 건너 마을이 그림처럼 펼쳐진다. 초록이 무성한 언덕에는 형형색색의 집들이 꽃이 된다.

바닷가에는 칠로에 섬에서만 볼 수 있는 해상가옥이 나란히 서있다. 기둥을 바다에 세우고 그 위에 집을 지었다. 바다로 향해있는 발코니에 나와 바람을 즐기는 칠로에 사람의 모습이 여유롭다.

달까우에의 칠레인 부부

마을버스를 타고 칠로에 섬 동쪽의 달까우에 Dalcahue 로 간다. 버스 안은 오랜만에 만나 수다를 떠는 사람들로 요란하다. 반갑게 인사를 나누며 버스에 오르고 내린다. 마음 착한 버스기사도 이들의 이웃이다. 일일이 승객의 짐을 챙겨주며 정을 나눈다. 어릴 적 외할머니 집에 가기 위해 탔던 시골버스가 떠오른다.

아는 것이라고는 지도에 표시된 마을 이름밖에 없는 달까우에 마을에 도착해 아르마스 광장을 찾아간다. 예상대로 달까우에 성당 Iglesia de Dalcahue 은 광장 옆에 있었다. 화려함은 없지만 운치 있는 하얀색 성당이다. 너무 낡아 세계문화유산에 등록되었다는 것이 믿기지 않을 정도지만 까스뜨로에서 보았던 대성당처럼 나무로만 지어졌다. 성당으로 올라가는 시멘트 계단을 빼면 나무 이외의 것은 없다.

집들도 모두 나무다. 금속이 주는 차가움, 콘크리트 벽이 만드는 삭막함은 존재하지 않는다. 나무가 주는 따뜻함이 마을을 감싼다. 다들 일터로 갔는지, 고기 잡으러 바다로 갔는지 마을은 텅 비어 있다. 산책하듯 작은 마을을 둘러보며 터미널이 있는 앙쿳 Ancud 으로 가기 위해 버스정류장을 찾아 거리를 헤매보지만 정류장은 보이지 않는다.

성당 앞에서 사진을 찍고 있는 여행객에게 길을 물으니 앙쿳까지 태워주

달까우에 항구

겠단다. 그리고 앙쿳에 가려면 까스뜨로에 되돌아가서 버스를 타야한다고 알려준다. 이들을 못 만났다면 적잖은 시간을 버스 안에서 보낼 뻔 했다.

히치하이킹을 자청한 칠레인 부부는 외국인이 잘 찾지 않는 낯선 곳에서 이방인을 발견한 것이 신기한 모양이다. 어떻게 달까우에 마을까지 오게 됐는지 무척 궁금해 한다. 그리고는 칠레의 어디를 가봤느냐, 어디가 좋으냐고 묻는다. 처음 만난 칠레인의 질문이나 내 답변은 언제나 비슷하다. 그동안 지나온 도시들과 앞으로 갈 곳을 이야기하며 아따까마 사막이 너무 아름다웠다고 하자 자기들은 몇 번이나 아따까마 사막에 갔었다며 맞장구를 친다.

칠로에 섬이 생각했던 것보다 커서 걸어 다니기 힘들다고 투덜대니, 조수석에 앉은 부인이 수북한 지도 가운데 칠로에 섬의 지도를 꺼내 펼쳐보인다. 그녀는 칠로에 섬은 직선거리로 200킬로미터나 되고, 목요일에 달까우에에 갔다면 마을장터를 구경할 수 있었을 것이라는 것까지 꼼꼼히 설명해준다. 느긋하며 차분한 말투는 고향의 어머니 아버지와 이야기를 하는 것처럼 마음을 편하게 한다.

이들은 칠로에 섬의 지도 외에도 꽤 많은 지도를 가지고 있다. 그 지도만큼이나 많은 곳을 여행하는 중이다. 얼마 전 정년퇴직을 한 남편은 아내와 함께 이제 막 시작된 노년을 즐기고 있다. 서른이 넘어도 결혼을 하지 않는 큰아들이 걱정이긴 하지만, 이들은 삶의 여유를 즐기며 데이트에 빠져있다.

차는 어느새 앙쿳에 도착한다. 꽤 멀게 느껴졌던 거리였는데 이들과 이야기를 나누고 떠들다 보니 금방이다. 친절한 칠레인 부부는 길이 갈라지는 곳에서 나를 내려준다. 그들과 "께 뗑가 부엔 비아헤Que tenga buen viaje!"하며 여행의 행운을 빌어주는 인사를 나눈 뒤에야 이름도 물어보지 못하고, 사진 한 장 남기지 못한 것이 아쉬움으로 남는다.

호텔로 돌아와 메일을 확인해보니 내 여행을 걱정하며 즐거운 여행이 되길 바란다는 마우리시오의 편지가 와있다. 그에게 이메일 주소를 주기는 했지만, 주고받는 것 외에는 큰 의미를 부여하지 않았었다. 그런데 생각지도 못한 편지를 받고 나니 그의 친절에 진심으로 대하지 못한 것이 부끄럽다.

세계테마기행처럼 파티에 초대받지는 못했지만, 낯선 이방인을 서슴없이 자신의 차로 초대해준 칠레인 부부를 만났다. 홀로 걷는 여행길이라 늘 사람 냄새가 그리웠는데, 오늘 칠로에 섬에서 조금이나마 칠레인의 정을 느낄 수 있었다.

세계테마기행의 성석제 작가가 '칠레를 생각할 때마다 모니카 가족이 떠오를 것'이라고 했던 것처럼, 나 역시 이곳에서 만났던 이름 모를 칠레인 부부와 마오리시오를 떠올릴 것 같다.

앙쿳의 아우이 요새

칠레인들에게
유적지는 친근한
쉼터일 뿐이다

세상 끝에 서다

ARICA★

CALAMA★
SAN PEDRO DE ATACAMA★

대지가 끝나는 곳에서 부는 바람은,
세상속으로 나를 내동댕이친다

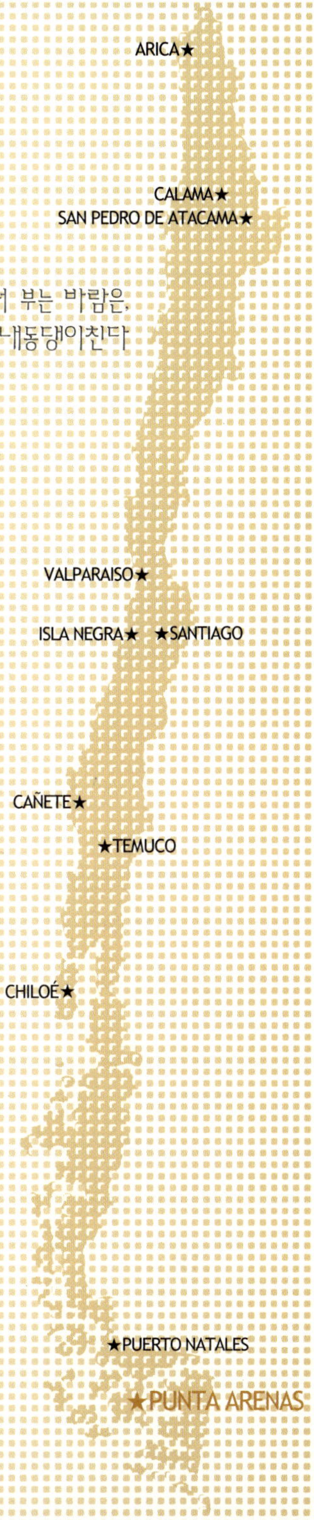

VALPARAISO★
ISLA NEGRA★ ★SANTIAGO

CAÑETE★
★TEMUCO

CHILOÉ★

★PUERTO NATALES
★PUNTA ARENAS

뿌에르또 나탈레스에서 바라본 빠이네 국립공원

아르마스 광장의 한가로운 부녀

산띠아고의 아부엘로스

드디어 칠레의 남쪽 끝, 빠따고니아^{Patagonia}까지 왔다. 빠따고니아란 말은 1520년 이 지역을 여행하던 마젤란이 원주민의 큰 발을 보고 발이 크다는 의미로 빠따$^{Pata, 발}$ 곤$^{Gon, 크다}$이라고 했던 데서 유래된 이름이다. 큰 발을 가진 사람들이 살았던 이곳에서도 '곶의 끝'이라는 의미의 뿐따 아레나스^{Punta} ^{Arenas}는 세상 끝에 있는 도시다. 더 이상 남쪽으로 가는 육로는 없다. 세계테마기행에서는 첫 번째 도시였지만 나에겐 마지막 도시다. 그것이 세상 끝과 더 잘 어울리고 극적이기 때문이다.

땅끝이라는 거창한 이름과 달리 뿐따 아레나스는 조용하다. 겨울이 시작되는 6월은 여행자들로 북적거리지만 관광객이 떠난 봄의 도시는 휴식을 취하고 있다.

비수기에 뿐따 아레나스를 여행하려면 상당한 불편을 감수해야 한다. 이때가 되면 여행사의 절반 정도는 문을 닫거나 여행 외의 다른 업무를 보기 때문이다. 시내버스도 운행을 중단한다.

뿐따 아레나스의 목적지는 펭귄의 세상인 막달레나 섬$^{Isla\ Magdalena}$이다. EBS 세계테마기행에서 보았던, 손이 닿을 듯한 거리에서 펭귄과 함께 걷는 모습이 나를 끌어당겼던 곳이다. 그곳에 가면 남극을 느낄 수 있으리라. 여행사마다 문을 두드려보아도 적정 인원이 안 되거나 강한 바람 때문에 배가 뜨지 못한다는 말만 듣는다. 1년 중 10월과 11월은 가장 강한 바람이 부는 때고 막달레나 섬 투어는 12월 중순부터 시작된다는 것이다. 그나마 최소인원인 8명이 채워지면 어떻게든 배가 뜨긴 하는데, 현재 인원은 3명. 저녁까지 기다려보지만 끝내 8명은 모이지 않는다. 대여섯 명이라도 모이면 부족한 인원만큼의 비용을 더 내고서라도 갈 생각이었는데…….

두 번째 목적지인 또레스델빠이네 국립공원Parque Nacional Torres del Paine에 가는 길도 쉽지 않다. 성수기에는 빠이네 공원 입구인 뿌에르또 나탈레스Puerto Natales까지 가는 비행기가 있지만 지금은 뿐따 아레나스까지 와서 다시 버스로 가야한다.

뿐따 아레나스에서 뿌에르또 나탈레스까지는 세 시간이 더 걸린다. 뿌에르또 나탈레스에서 빠이네 국립공원까지의 교통편이나 현지 여행사 사정을 알 수 없어 뿐따 아레나스에서 당일치기로 갔다 오기로 했다. 다행히 산띠아고에서 온 여행팀이 있어 한 자리를 얻었다. 이마저 없었으면 투어팀이 생길 때까지 기다릴 신세가 될 뻔했다.

남극의 바람이 몰아치는 새벽, 여행사 버스가 오스딸 앞에서 빵빵거린다. 버스에 올라 "부에노스 디아스Buenos días"하며 반갑게 아침 인사를 한다. 여기저기서 "부에노스 디아스"하며 나를 반긴다. 열여섯 명의 산띠아고의 아부엘로스Abuelos 할아버지·할머니들와의 빠이네 여행이 시작된다.

못다 잔 새벽잠을 자려 하지만 출발하면서부터 왁자지껄한 버스 안에서는 어렵겠다. 서로 '산띠아고 어디에 사느냐'부터 시작된 호구조사에서

자식들 자랑까지, 농담과 이야기들이 버스 이곳저곳을 오간다.

소풍 나온 아이처럼 흥에 겨워 노래 부르는 할아버지, 남편 흥을 보는 할머니와 이를 타박하는 할아버지. 수다와 노래 사이로 웃음이 이어진다. 앞에 앉은 가이드 알바로^{Albaro}가 마이크를 잡고 한마디라도 할라치면 여기저기서 노래하라며 "가라오께, 가라오께" 소리가 터진다. 남미사람 치곤 숫기가 없는 알바로가 쩔쩔맨다.

할아버지가 놔주는 인슐린 주사를 맞아가면서도 여행을 즐기는 할머니는 무척 힘들 텐데도 밝은 얼굴이다. 혈기 왕성한 노년의 여행객들은 좋은 풍경이라도 지날라치면 왜 차를 안 세우냐고 성화다. 그러고는 우르르 버스에서 내려 기념촬영을 하고 다시 얼른 가자며 올라탄다.

모처럼만의 여행, 그것도 세계 10대 비경 중 하나라는 또레스델빠이네에서 카메라에 담고 싶지 않은 곳이 어디 있겠는가. 굽잇길을 돌 때마다 펼쳐지는 황홀경에 가는 곳마다 차를 세우자고 외친다. 이러다가는 오늘 안에 여행을 못 끝내리라 생각했는지 알바로가 정해진 장소 외에는 버스를 세울 수 없으니 전망대에 가서 사진을 찍자며 달랜다. 비로소 완행버스가 제 속도를 내며 달린다.

웃고 즐기며 떠들고 노래하는 백발의 여행자 부부들. 60, 70의 나이지만 신혼여행이라도 온 부부들처럼 꼭 잡은 두 손. 저들처럼 늙어가면 좋겠다.

옥빛 호수와 고통의 산

뿌에르또 나탈레스에서부터 30여 분을 달려 1,630제곱킬로미터의 거대한 또레스델빠이네 국립공원에 들어선다. 먼지가 앉은 차창 너머로는 어미를 따라나선 새끼 양들이 들판을 뛰어가고 소들은 느리게 풀을 뜯는 평화로운 모습이다.

황토색 덤불들 사이로 초록빛 풀들이 기지개를 켜고 양지바른 언덕에는 노란 민들레가 소담하다. 너무 황량하고 척박해 사람이 살 수 없어 1930년대에 들어서야 지도에 제 이름을 올릴 수 있었다는 이곳에도 봄이 시작된 모양이다.

지구상에 남은 마지막 비경, 살면서 한번은 꼭 가봐야 할 곳이라는 또레스델빠이네는 구름 뒤에 숨어 좀처럼 제 모습을 보여주지 않는다. 자연이 허락한 풍경을 보려면 공덕을 많이 쌓아야 한다더니, 부족함이 많은 모양이다. 아따까마 사막을 떠난 이후 맑은 날을 보기 힘들다. 바람이 열어준 구름 사이로 또레스델빠이네의 검은 장벽이 잠깐씩 나타났다가 사라진다.

1959년에 칠레 정부가 이곳을 국립공원으로 지정하고, 1978년에는 유네스코 세계자연문화유산으로 등록됐지만 아직은 인간이 만든 가공의 흔적은 보이지 않는다. 차가 달리는 비포장도로와 국립공원 관리사무소가 유

일한 흔적이다. 개발을 못하는 것이든 하지 않는 것이든 간에 인간의 손길이 닿지 않았기에 빠이네와 이곳의 생명들은 있는 그대로의 모습을 간직하며 살아간다. 라마의 일종인 구나꼬^{Gunaco} 무리가 이른 초록의 땅을 찾아 유랑을 떠나고, 여행자들은 구나꼬가 만들어낸 풍경에 취하며 때묻지 않은 자연을 지난다.

덜컹거리는 길 굽이마다 산과 들이 다른 모습으로 다가온다. 갑자기 버스 안이 술렁이고, 산띠아고의 여행자들이 차창으로 몰린다. 창밖으로 펼쳐진 호수, 난생 처음 보는 빛깔이다.

맑은 옥빛의 뻬오에 호수$^{Lago\ Pehoe}$가 검은 산 아래까지 펼쳐져있다. 호수에 또레스델빠이네가 감추어 둔 보석이라도 있는 것일까. 물이 어떻게 이런 색을 낼 수 있을까. 물은 투명하거나, 초록이거나, 파랗거나 할 것이라는 상식이 산산이 부서진다. 카메라를 꺼내 들 생각조차 못하고 호수의 빛에 빠져버린다.

난생 처음 지평선 너머까지 펼쳐진 모래사막을 봤을 때, 안나푸르나의 위용에 압도됐을 때 느꼈던 흥분이 되살아난다. 세계테마기행에서 옥빛 호수가 나오며 흐르던 음악이 들리는 듯하다. 수온이 낮고, 빙하가 녹아서 저런 색을 보인다는 설명은 그리 중요하지 않다. 존재 그 자체가 신비이고 빠이네의 의미가 된다. 옥빛은 그레이 강$^{Rio\ Grey}$을 지나 그레이 호수$^{Lago\ Grey}$로 이어진다.

버스가 고사목이 쓸쓸한 언덕의 전망대에 서고 마침내 또레스델빠이네가 제 모습을 드러낸다. 풀 한 포기 자라지 못하고, 절대로 무너지지 않을

것 같은 바위산에는 따뜻함의 흔적이라고는 찾아 볼 수 없다. 2,600미터, 2,400미터, 3,000미터…. 검은 산은 높낮이를 달리하며 쎄뇨렛 산맥 Cierra Senoret 을 향해 달린다. 어떤 것은 무거운 만년설을 머리에 이고 있고, 어떤 것은 빙하를 잔뜩 품고 있고, 절벽 같은 봉우리는 눈조차 허락하지 않는다.

마뿌체족의 언어로 푸르다는 의미의 빠이네Paine. 햇빛을 받으면 푸르게 빛나는 만년설과 빙하의 모습 때문에 생긴 이름이다. 그러나 나는 고통이란 영어단어 '페인pain' 을 먼저 떠오른다.

지독한 바람과 거칠고 어두운 산의 모습이 그렇게 보인다. 바람소리는 산을 휘감으며 고통에 찬 소리로 울부짖는다. 날카롭게 솟은 봉우리들은 무덤가에 세워진 비석 같다. 태평양의 나스카판에 밀려 하늘로 솟아오른 쎄뇨렛 산맥은 낭만적이기 보다는 공포스럽다.

빠이네 계곡의 빙하는 거대한 강물이 흐르다 멈춰선 것 같다. 마치 저곳의 시간만 정지된 듯. 계곡의 시계가 다시 돌아가면 서슬 퍼런 빙하가 나를 덮칠 듯이 보인다.

공포와 경외심이 교차한다. 작은 자갈을 잔뜩 품은 바람이 얼굴을 때린다. 세상 모든 것을 날려버리려는 기세로 엄청난 바람이 휘몰아친다. 발바닥에 잔뜩 힘을 줘보지만 온몸이 휘청거린다. 한 발을 떼자 두세 발자국 뒤로 밀린다. 맞서면 맞설수록 칼날 같은 바람은 더 큰 비명을 지르며 나를 밀쳐낸다. 결국 버티지 못하고 뒤돌아서고 만다. 바람이 나를 버스 안으로 밀어 넣는다.

버스에 오르자 '와' 하는 함성소리, 박수소리에 어리둥절하다. 빠이네와 나누던 교감이 한꺼번에 사라진다. 바람을 피해 진즉에 버스에 올라탄 이들은 이리저리 바람에 밀리는 내 모습을 구경하고 있었던 모양이다. 거대한 바람에 맞서는 내 모습이 용감하게 보여서인지, 나의 무모함에 격려를 보내는 것인지는 알 수 없지만 "그라시아스, 그라시아스"하며 이들을 진정시키고 내 자리로 돌아간다. 자리에 앉아서 보니 주머니에는 작은 자갈과 모래가 그득하고 머리는 엉망이다. 또레스델빠이네에서만 만날 수 있는 대단한 바람이었다.

일행을 태운 버스는 그레이 빙하가 보이는 그레이 호텔 Hosteria Logo Grey에 도착한다. 그레이 빙하 Glaciar Grey에 가기 위한 것이면 좋으련만, 이곳에서 차를 마시며 잠시 쉬어가기 위해서다. 아무래도 산띠아고의 아부엘로스들이 지친 모양이다.

알바로가 미리 준비한 커피와 차, 간단한 간식을 내오는 사이, 호텔 전망대로 가본다. 저 멀리 보이는 빙하. 멀리 있는 호수에는 비취색 빙하가 햇빛을 받아 반짝인다. 빠이네의 산들이 색을 바꾸고, 제 크기를 바꿔 강 위로 내려온 것 같은 모양이다.

빙하가 있는 호수까지는 강이 가로막고 있다. 하지만 비가 오랫동안 오지 않아서인지 군데군데에는 모래톱이 드러나 있고, 강폭이 좁은 곳도 보인다. 그럭저럭 갈 수 있을 것 같다. 따뜻한 커피 한잔도 그리웠지만 좀 더 가까운 곳에서 차고 푸른 빙하의 기운을 느끼고 싶다.

그레이 빙하가 쏟아내는 태곳적 바람을 맞으며 강가에 선다. 멀리서 보던 것보다 넓은 강이다. 힘껏 도움닫기를 한다. 마주 부는 바람만 없으면 조금은 더 멀리 뛸 수 있을 텐데, 건널 때마다 아슬아슬하다. 이 차가운 강물에 빠지면 정말 대책이 없다. 그렇게 몇 개의 작은 강을 건넌다.

그레이 호수로 떠내려 온 빙하는 눈에 보이는 것보다 더 멀리 있다. 저 멀리 빙하가 떨어져 나왔을 그레이 빙하가, 얼어버린 폭포 모양을 하고 있다. 길을 찾아 주변을 서성이지만 넘을 수 없는 강이 앞을 막는다. 모래톱에 앉아 빠이네의 순수한 보석을 감상한다. 바람과 호수에 깎여 날카로운 푸른 빙하는 호수의 작은 섬 같다. 물결에 움직이는 것처럼 보이기도 하고, 정지된 것처럼 느껴지기도 한다. 빙하 위에 누군가 앉아서 나를 부르는 것 같은 묘한 환상에 빠진다.

사막, 들, 숲, 강, 호수, 바다, 바람. 그리고 눈앞에 보이는 그레이 호수의 빙하까지. 지금껏 지나온 칠레의 자연이 파노라마처럼 지나간다. 4,300킬로미터를 여행하는 동안 자연이 인간에게 부여한 모든 것을 본 기분이다. 어느덧 여행의 막바지, 감회가 새롭다.

기우는 해를 뒤로하고 또레스델빠이네를 떠난다. 멀어져가는 만년설을 보며, 아직은 인간을 허락한 빠이네에 감사의 마음을 남긴다. 빠이네의 들과 산, 바람, 호수, 빠이네의 원초적 자연을 마음에 다시 그리며 사색에 빠져든다.

그러나 여행의 여운을 즐기고 싶은 내 마음을 아는지 모르는지, 혈기왕성한 산띠아고의 할아버지 할머니들의 발동이 걸린다. 출발할 때부터 소리치던 가라오께가 드디어 시작된 것이다. 커피 한 잔, 사과 한 조각에 잃었던 에너지를 다시 찾은 모양이다.

할머니의 타박을 유난히 받던 할아버지가 먼저 마이크를 잡고, 구성진 노래로 버스를 채운다. '젊었을 때 좀 놀았겠는 걸' 하는 소리를 들을법한 실력이다. 관객들은 박수를 치고, 손을 흔들며 입을 모은다.

무대는 사감 선생님 같은 안경을 낀 할머니로 이어진다. 이 할머니의 장기는 웃긴 이야기하기다. 할머니의 이야기에 박수를 치며 박장대소한다. 할머니의 우스갯소리를 이해하기에는 내 스페인어 실력이 부족하지만, 그래도 상관없다. 할아버지 할머니들의 웃음을 보며 그 웃음을 따라 웃을 수 있으니까. 그것만으로 충분히 즐겁다.

무대가 빌라치면 다른 할아버지가 나선다. 노래는 이어지고, 우스갯소리도 이어지고, 웃음소리도 이어진다.

어느새 무겁고 어두웠던 빠이네는 사라지고, 노래하는 관광버스만 남는다. 흥으로 가득한 무대는 버스가 고속도로에 들어설 때까지 계속된다. 창밖으로 별이 총총하고, 피곤에 지친 나는 할아버지의 두툼한 웃음소리를 자장가 삼아 눈을 붙인다.

옥색으로 빛나는 뻬오에 호수

펭귄들의 땅 오트웨이만

구름으로
뒤덮힌 저 너머가
남극일 것만 같다

펭귄의 바다

거칠기로 유명한 마젤란 해협을 헤치며 펭귄의 섬 막달레나에 가고 싶었건만, 결국 포기하고 오트웨이만Seno Otway을 찾는다. 빠이네에서 맞았던 바람의 기운이 채 가시기도 전에, 이번에는 남극의 날카로운 바람이 몰아친다. 점퍼에 달린 모자를 뒤집어쓰고 끈을 바짝 조인다. '윙윙' 하는 거친 소리가 귓전을 스치고, 옷 속으로 파고든다. 남극의 바람은 세계테마기행에서 보던 것보다 더 거세다. 칠레를 '바람의 나라'라고 불러야할 모양이다.

오트웨이만의 마른 덤불들은 몸을 잔뜩 움츠린 채 바람이 정하는 데로 몸을 눕힌다. 작은 언덕에는 오트웨이만의 물새가 둥지를 틀고 있다. 이 차가운 바람에도 봄은 시작되어 초록빛 이끼가 바위에 몸을 붙이고, 작은 꽃은 낮게 피어있다. 바람에 춤추는 키 낮은 갈대 사이를 따라 펭귄을 찾아간다.

얼마 걷지 않아 작은 굴 앞에 서 있는 펭귄이 보인다. 남극의 펭귄 중 유일하게 가족을 이루며 굴속에 사는 마젤란 펭귄이다. 굴 속 보금자리에는 알을 품고 있는 암컷이 있으리라. 수컷은 쉼 없이 두리번거리며, 혹시나 다가올 적을 경계한다. 사람들이 사진을 찍건 말건, 암컷을 지키고 알을 지키며 가족애, 부부애를 과시한다.

나뭇길은 펭귄을 볼 수 있는 바닷가 움막까지 이어진다. 바닷가에는 키

둥지를 지키고 있는 수컷 펭귄

작은 마젤란 펭귄들이 모여 있다. 키가 70센티미터 정도인 펭귄들은 사람의 방문에 신경 쓰지 않는다. 저들끼리 소리 지르다 물속으로 뛰어들기도 하고, 어디론가 아장아장 걸어간다. 파도에 밀려온 통나무와 해초들 사이를 뒤뚱대며 바쁘게 오가는 모습이 태엽을 감아놓은 인형 같다.

펭귄이 뛰어드는 바다 건너편으로는 구름에 가린 리에스꼬 산맥Cordillera Riesco이 나타났다 사라지기를 반복한다. 북쪽에 있는 산맥이건만, 저곳이 남극인 것 같은 착각에 빠진다. 방향치가 된 것처럼, 바다만 건너면 다 남극에 도착할 것만 같다.

마젤란 펭귄의 재잘거림 사이로, 어디선가 들려오는 한국말. "어머, 이것 좀 봐, 펭귄이다." 오랜만에 들어보는 한국말에 놀라 주위를 두리번거린다. 10여 명의 한국인 아주머니들이 펭귄의 귀여움을 감탄하며 우르르 다가온다. 지구 끝에서 만나는 한국 사람들이라니. 패잔병이 되어 숲속을 헤매다 아군을 만난 기분이다.

다가가 "멀리도 오셨네요." 인사를 건넨다. "어머, 한국분이시네." 아주머니들도 반갑게 인사한다. 외국에 나가면 모두 애국자가 된다고 했던가. 같은 나라 사람을 만난 것이 이리 반가울 수가 없다. 지구 끝에서 만난 기념으로 사진촬영도 하고, '어디서 왔느니', '어디로 갈 것이니' 하며 수다를 떤다. 정말 오랜만에 말하고 들어보는 한국어다. 멕시코를 거쳐 칠레로 온 용감한 아주머니들은 또레스델빠이네 트레킹을 간다고 한다. 그녀들은 왔을 때 그랬던 것처럼 우르르 빠져나간다.

그녀들이 떠나고 다시 혼자가 된다. 잊고 있던 외로움이 살아난다.

세상 끝, 15,273킬로미터

마젤란 동상이 서 있는 아르마스 광장에는 따스한 햇볕이 내려쬔다. 휘몰아치는 바람만 없으면, 몇 시간이고 앉아 사람 구경을 해보아도 좋겠다. 민예품을 파는 장사꾼은 천막이 날아가지 않도록 붙들고 있느라 힘겨운 모습이다. 벌이라도 받고 있는 것 같다. 잠시 바람이 잦아들자 민예품 아저씨는 주섬주섬 짐을 챙기고, 천막을 걷는다. 이내 바람이 다시 불고 옷깃을 잔뜩 세운 사람들의 발걸음이 빨라진다.

나 역시 바람이 안고 오는 추위에 가만히 앉아있기가 어렵다. 갈 곳 없는 사람처럼 아르마스 광장 주변을 방황한다. 정해놓은 목적지는 더 이상 없다. 세상 끝, 갈 수 있는 곳 끝까지 와있다는 기분이 내내 나를 사로잡고 있다.

지도를 펼쳐 배회할 곳을 찾는다. 십자가 언덕^{Cerro de la Cruz}, 뿐따 아레나스의 전망대. 잔뜩 찌푸린 날씨 때문에 남극을 볼 수야 없겠지만, 땅끝 마을은 눈에 담을 수 있으리라.

아르마스 광장에서 여섯 블록을 걸어 전망대로 향한다. 축대 옆으로 난 좁은 계단을 따라 언덕에 올라선다. 남극의 바다가 한눈에 들어오고, 본능처럼 '와' 하는 탄성을 지른다.

마주보이는 마젤란 해협^{Estrecho de Magallanes} 너머에 '불의 땅'이라 불리는 띠에

라델푸에고$^{Tierra\ del\ Fuego}$가 있고, 더 남쪽으로 가면 뿌에르또 윌리암스$^{Puerto\ Williams}$가 있을 것이다. 하지만 그것들은 하늘을 가득 덮은 구름에 가려 있다. 지금 내 앞에 보이는 것은 바다, 구름, 하늘뿐이다. 땅끝의 전율이 느껴진다.

전망대 아래로 보이는 뿐따 아레나스의 지붕들은 형형색색으로 화려하다. 하늘에서 색종이 가루라도 뿌려놓은 듯. 문 닫힌 카페의 지붕 위에는 펭귄이 남쪽 하늘을 바라본다. 이곳에서는 신문의 이름도 펭귄이고, 인형도, 가방도, 카페를 지키는 것도 펭귄이다. 카페 옆에 있는 두 개의 기둥에는 세계 주요 도시까지의 거리가 적힌 이정표가 있다. 파나마, 휴스턴, 파리, 발렌시아….

무심결에 한국^{Corea}을 찾아본다. 'SEOUL 15,273km'. 내가 사는 곳, 내 가족이 있는 곳을 가리키는 하얀 팻말이 있다. 아득한 바다를 향해.

15,273킬로미터, 15,273킬로미터. 온 몸에 소름이 돋는다. 얼마나 먼 거리일까. 도대체 얼마나 멀리 와버린 것일까. 그 길을 걸어왔으면서도 상상이 되지 않는다. 거대한 종소리가 머리를 울린다. 카메라를 움켜쥔 손이 맥없이 풀린다. 가슴이 먹먹해진다.

사막을 건너고, 태평양의 바닷가를 걸으며 지나온 4,300킬로미터. 이곳까지 오는 내내 땅끝의 의미를 생각했지만, 그것은 너무나 막막한 단어였다. 그러나 그 막막함은 이제 현실이 되어 내 앞에 있다.

몇 대의 담배를 피우고서야 마음이 진정된다. 천천히 고개를 들어 이정표를 바라본다. '15,273km'라고 적인 이정표는 서울을 향하고 있다. 이곳에

서부터 서울로 가는 길이 시작된다. 이곳은 세상의 끝이 아니라 시작이라고 말한다. 그곳이 어느 곳이건, 네가 출발을 준비하는 곳이 세상의 시작이며, 걸음을 멈추는 곳이 세상 끝이라고 이야기한다.

끝이 아니라 처음이다. 다시 처음이다. 이제야 세상 끝으로 향하는 여행의 의미를 알겠다. 처음부터 정해져 있는 시작과 끝은 없다. 내가 스타트 라인을 긋는 곳, 바로 그곳이 내 삶의 출발점이다. 서른아홉 해 동안 걸어온 15,273킬로미터는 이정표 아래 묻는다. 지금부터 가야할 15,273킬로미터만 생각한다. 세상 끝에서 만난 15,273이라는 숫자는 처음을 상징하는 숫자가 된다. 삶에 지쳐 무릎 꿇고 싶을 때, 힘겨움에 포기하고 싶어질 때, 뿐따 아레나스 언덕의 하얀 팻말을 생각하리라.

자신의 여행기를 정리하며 "나는 더 이상 예전의 내가 아니다"라고 했던 체 게바라의 심정이 되어본다. 나 역시 더 이상 예전의 내가 아니다. 15,273킬로미터의 새로운 여행을 시작한다. 내 삶의 새로운 여행, 15,273킬로미터의 첫발을 떼며 칠레와 마지막 인사를 나눈다.

아디오스 칠레, 차오 칠레[Adiós, Chile. Chao, Chile].

세상끝에서나
누군가에게편지라도
한장쓰고싶다

칠레 여행 Tip

➔ 계절과 날씨

칠레는 21일을 기준으로 계절이 변한다. 여름은 6월 21일, 겨울은 12월 21일에 시작된다. 북쪽 지방은 사계절 내내 따뜻한 편이며, 남부 지방으로 내려갈수록 평균 기온이 낮아진다. 가장 남쪽인 빠따고니아는 한여름이라도 18도를 넘지 않는 선선한 날씨며, 사계절 내내 바람이 강해 체감온도가 낮아지므로 바람막이 점퍼를 준비하는 것이 좋다.

➔ 환율과 물가

화폐단위는 뻬소^{Peso}이다. 환율은 2008년 11월 1일을 기준으로 1달러당 640뻬소이다. 물가는 우리나라와 비슷한 수준이나 관광지에서의 물가는 더 비싸다. 작은 생수 한 병을 기준으로 볼 때, 시내에서는 350뻬소인 것이 관광지로 가면 500뻬소 이상으로 뛴다.

➔ 언어

칠레의 국어는 스페인어지만 칠레인들은 까스띠야노^{Castillano}라고 한다. 칠레식 스페인어에는 발음할 때 생략되는 알파벳이 있어 중미에 비해 말투가 빠르게 느껴진다. 특히 독일계 칠레인의 말은 알아듣기가 무척 힘들다. 대부분의 관광지에서는 영어를 사용해도 지내는데 불편하지 않다.

교통

대중교통과 교통카드 산띠아고의 대중교통은 잘 갖춰져 있다. 5개의 노선이 있는 지하철은 산띠아고 곳곳으로 연결되어 있다. 시내버스는 현금 지불이 불가능하고 교통카드가 있어야 탈 수 있다. 교통카드는 지하철 매표소에서 팔며 충전해서 사용한다. 지하철도 교통카드로 이용할 수 있다. 지방 버스의 대부분은 현금을 지불하며, 구간에 따라 다르다.

택시 산띠아고의 택시는 대부분 미터기 택시를 사용하며, 지방에서는 미리 요금을 정하고 타는 것이 좋다.

꼴렉띠보 가까운 거리를 이용할 때는 버스보다 꼴렉띠보가 편하다. 요금표는 꼴렉띠보 앞 유리창에 붙어있다. 꼴렉띠보를 이용할 때는 잔돈을 미리 준비하는 것이 좋다. 10,000페소는 기사에게 무척 부담스런 금액이다.

시외버스 시외버스는 서너 시간 전에라도 미리 예약을 하는 것이 좋다. 특히 아침 8~9시 사이에 도착하는 시간대의 심야버스는 하루 전에 예약해야 좋은 자리를 잡을 수 있다.

항공권 최소한 일주일 전에는 예매를 해야 저렴한 가격에 표를 살 수 있다. 하루 이틀을 앞두고 표를 예매하는 것과 일주일 전에 예매하는 것의 가격 차이는 두 배에 가깝다. 인터넷 예매는 란칠레항공(http://www.lan.com)만 가능하다.

렌터카 국제면허증이 있으면 칠레에서도 운전이 가능하다. 관광안내소에서 차로 여행할 수 있는 코스를 소개하는 안내책자를 받으면 낯선 길도 쉽게 찾아갈 수 있다. 대여비는 지방과 회사마다 다소 차이는 있으나, 운행거리에 상관없는 킬로메뜨라헤 리브레 Kilometraje Libre 기준으로 차종에 따라 20,000~60,000페소(US$33~100) 정도다. 대여 방식에 따라 운행구간을 시내로 제한하는 경우가 있으므로 안내문을 잘 살펴보아야 한다.

칠레 여행 Tip

➡ 숙박

모든 숙박업체에서 입실과 퇴실의 기준이 되는 시간은 정오다. 12시 이전에 호텔에 투숙하게 되면 이틀치의 숙박료를 지불해야 한다. 일정이 바뀌어 호텔을 나오게 되더라도 한번 지불한 숙박료를 돌려받는 것은 불가능하므로, 한곳에 오래 머물더라도 하루나 이틀 단위로 비용을 지불하는 것이 좋다. 오스딸이 호텔보다 싸다는 상식은 산띠아고에서는 통하지 않는다. 오스딸의 수준에 따라 호텔비 수준의 숙박료를 받는 곳도 종종 있다.
확정된 일정으로 여행을 한다면 인터넷으로 미리 숙소를 예약하는 것이 도움이 된다. 칠레관광청인 쎄르나뚜르 SERNATUR, Servicio Nacional de Turismo 홈페이지 (http://www.sernatur.cl)에 가면 각 도시의 숙박업체가 등록되어 있어 자세한 정보를 얻을 수 있다.

➡ 박물관

대부분의 박물관은 월요일에는 문을 열지 않으며, 휴일에는 무료로 운영하는 곳이 많다. 개장시간과 폐장시간은 박물관마다 다르므로 관광안내소에서 주는 안내책자를 보고 폐장시간을 미리 확인하면 시간을 알차게 쓸 수 있다. 박물관 내부에서는 사진촬영이 금지된 곳도 많다.